꼬리에 꼬리를 무는
# 한국 근대사

조선 후기부터 대일항쟁기까지
교과서의 빈틈을 메우는 한국 근대사 특강

# 꼬리에 꼬리를 무는
# 한국 근대사

조성일
지음

주니어태학

**일러두기**

● 책명·신문명은《 》, 단편 글과 작품 제목 등은〈 〉로 표기했습니다.

● "1910년에 일본에 의해 우리나라가 국권을 빼앗긴 이후 1945년 광복되기까지 35 년간의 시대"를 뜻하는 일제강점기는 오늘날 민, 관을 가리지 않고 가장 널리 쓰이고 있는 표기이지만, 선조들의 능동적 자주성을 훼손한다는 지적이 있습니다. 이 책은 2007년 국회 본회의를 통과한 '일본 식민 지배를 정당화하는 일제강점기 등 유사 표현의 수정을 촉구하는 결의안'에 따라 일제강점기를 '대일항쟁기'로 표기했습니다.

# 왜 근대사를 알아야 할까

지금 우리나라 모습이 격동적인 '구한말舊韓末'의 모습을 빼닮았다고들 해. 구한말이 뭐냐고? 구한말은 '대한제국 시기'를 일컫는 한자어야. '대한제국'은 조선을 계승한 한반도의 마지막 전제군주국이지.

그렇다면 사람들은 왜 지금을 대한제국 시기에 비유할까. 구한말은 일본 제국(이하 일제)에게 대한제국을 빼앗겼던 때로, 그 무렵 많은 나라가 한반도를 드나들며 문호를 열라고 요구했어. 그래서 대한제국 시기는 아주 혼란스러웠지. 지금 대한민국 주변의 미국, 일본, 중국, 러시아 같은 나라들도 구한말처럼 한반도 주변을 기웃거리는 탓에 나라가 아주 혼란스러워. 우리나라에게 얻을 것이 있어서 그런 걸 거야. 모든 나라는 당연히 그리고 철저히 자기네 나라 이익을 위해 움직이거든. 그러니 정신 바짝 차려야 해. 자칫 한눈팔다 보면 누가 우리 코를 베어 갈지 모를 판이야.

　본격적인 수업에 들어가기 앞서, 이 책의 처음부터 끝까지를 관통하는 낱말인 '근대'의 개념을 정확히 짚고 시작해야겠지. 그렇지만 근대라는 시기를 확실히 규정하기가 어려워. 역사학자들 사이의 논쟁도 뜨겁지. 나는 여기서 그 복잡하고 뜨거운 근대에 관한 논쟁을 말하는 것보다 이 책이 언제부터 언제까지 다룰지를 설명하는 것으로 대신할게.

　일반적으로 역사는 고대, 중세, 근대, 현대의 시기로 나눌 수 있어. 그렇다면 근대는 중세와 현대 사이의 시대라 할 수 있지. 봉건 사회였던 중세를 무너뜨리고 민주주의와 자본주의가 싹트고 자란 시기야.

　이 개념을 우리 역사에 대입하면, 고종이 왕이 되는 시점이 근대의 시작이라고 할 수 있어. 조선 시대는 조금씩 변화하기는 했어도 그 본래의 모습을 지키려고 엄청 안간힘을 썼거든. 변화를 몹시 두려워한 거지. 이런 전통에 금이 간 시점이 언제일까. 나는 고종의 왕위 등극, 즉 고종의 아버지인 흥선대원군이 권력을 틀어쥐면서부터라고 봐. 그가 권력의 심장부인 비변사와 기득권의 상징인 서원을 없애면서 조선을 개혁하기 시작했어. 이것이 우리 한국사가 중세에서 근대로 넘어가는 매우 중요한 전환점이 되었지.

　우리 근대사는 어디로 튈지 모를 럭비공 같은 운명인 건지, 예측할 수 없는 일이 많이 일어났어. 흥선대원군과 그의 며느리 중전 민씨 사이의 권력 다툼은 상상을 초월했고, 민씨 척족 세력의 전횡에 국정은 멍이 들 대로 들었지. 군인 급료에 모래를 섞어 줄 만큼 부패했잖아. 오죽하면 참다못한 구식 군대가 '임오군란'을 일으켰을까. 젊은 개화파들이 '갑신정변'을 일으켜 혁명하려 했지만, 이것도 사흘만에 실패했고, 이 일은 일제의 한반도 지배를 위한 로드맵 진행을 가속하는 촉매제 역할을 했어. 많은 백성과 농민은 동학의 횃불을 들어 일제에 저항하지만, 대한제국은 일제 침탈의 희생물이 되고 말아. 그래도 백성들은 3·1 운동으로 우리 민족의 기개를 세계에 널리 알렸고, 독립지사들은 타국땅에 임시정부를 세워 치열하게 독립 투쟁을 이어나갔어. 한국의 근대사는 일제의 만행 앞에 우리의 삶이 송두리째 뽑혔던 역사라고 할 수 있지. 그 고통은 35년이나 이어지며 1945년 원자폭탄 두 방에 일제가 손발을 다 들고 나서야 끝이 났어. 여기까지가 이 책에서 다룰 '한국 근대사'야.

《꼬리에 꼬리를 무는 한국 근대사》를 쓴 이유는 우리 역사가 어떤 흐름을 타고 지금에 이르렀는지 궁금했기 때문이야. 그래서 이 책은 교과서에 포함되지 않아 배울 기회가 없었던 한국 근대사의 중요한 사건들을 깊게 다룰 거야. 우리 근대사의 흐름을 빈틈없이 살펴볼 수 있도록 구성했어. 그런데 이 책에서는 연도와 구체적인 역사적 사건에 얽매이지는 않을 거야. 연도와 역사적 사건을 외우는 역사 공부는 학교에서 하는 것만으로도 충분해. 흐름으로 역사를 이해해 보자는 거지. 그렇다고 연도 표기를 하지 않겠다는 건 아니야. 사건이 발생한 날짜나 시간을 모르면 역사적 사실과 전혀 다른 역사를 만들어낼 수도 있고, 역사적 사실 사이에 숨어 있는 행간의 의미를 왜곡할 수도 있거든.

한국 근대사는 지금도 우리네 삶에 많은 영향을 끼치고 있어. 현재진행형인 것들이 많아. 일제에 강제로 끌려간 일본군 '위안부'나 '노동자' 문제가 대표적이지. 이런 문제는 근대에서 비롯됐잖아. 많은 역사가 미완의 상태로 오늘을 관통하고 내일로 향하고 있어. 우리가 근대사를 알아야 하는 이유는 여기에 있지.

의미 없다고 일축하는 '역사의 가정법'이 때로는 역사를 성찰하는 데 매우 유용한 도구가 될 수 있어. "만약 어떤 것을 했더라면"이라는 조건문에 따르는 "어떤 것을 했을 것이다"라는 결과문에서 정면교사와 반면교사로 삼을 교훈을 얻을 수 있거든.

이 책은 고종의 즉위부터 시작해 일제 식민지에서 해방되는 날까지 역사의 흐름을 15번에 걸쳐 다소 거칠게 좇을 거야. 물론 한국 근대사의 사건들을 다 망라하지는 못하겠지만, 중요한 사건을 이정표 삼아 듬성듬성 알아보려고 해. 하지만 내가 역사적 사건에 꽂은 깃발들을 선으로 연결하며 그 흐름을 관찰하다 보면 허술하고 구멍 숭숭한 그물망으로 대어를 낚을 수도 있어. 월척을 꿈꾸며 한국 근대사의 바닷속으로 풍덩 빠져 보자.

# 차례

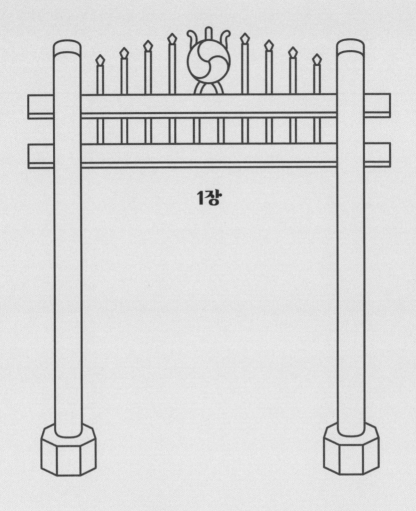

1장

# 흥선대원군은 어떻게 아들을 왕으로 만들었을까

# 왕이 된 흥선군의 둘째 아들

이 강의는 앞에서 '고종' 즉위부터 다룬다고 했으니 《조선왕조실록》 중 《고종실록》을 먼저 살펴보자. 《고종실록》은 1869년 12월 8일, 조선 25대 왕 철종이 승하昇遐, 즉 세상을 떠나고 그 뒤를 이을 왕을 결정하는 날부터 시작돼.

그날 《고종실록》에 기록된 기사는 무려 93개야. 기사 수만 보더라도 그날 하루가 얼마나 숨 가쁘게 돌아갔는지 짐작할 수 있을 거야. 그만큼 상징성이 큰 날이었지. 중요한 기사를 하나 골라 보자.

"흥선군의 정실부인에게서 태어난 둘째 아들 이명복으로 익종대왕의 대통을 입승하기로 작정하였다."

고종 어진

이 기사에서 우리는 두 단어의 뜻을 알아야 의미를 제대로 파악할 수 있어. 하나는 '익종대왕'이고, 다른 하나는 '입승ㅅ承'이야.

익종대왕부터 살펴보자. 분명히 앞에서 25대 왕 철종이 승하했다고 했잖아. 새 왕은 당연히 철종의 뒤를 잇는 것일 텐데 왜 철종대왕이 아니라 익종대왕의 대통, 즉 임금의 계통을 잇는다고 했을까? 여기에는 흥선군 이하응이 아들을 새 왕으로 만들기 위한 이야기가 숨어 있어.

인조의 아들 인평대군의 후손인 흥선군은 왕족이기는 하지만 왕의 자리 근처에도 갈 수 없는 일개 '종친*'이었어. 그러다 사도세자와 후궁 숙빈 임씨 사이의 둘째 아들이자 사도세자의 넷째 아들인

 **종친**

국왕의 부계 친척을 뜻한다. 조선시대에는 임금의 정실부인에게서 태어난 아들인 적자 자손은 4대손까지, 혼인 외의 출생자인 서자 자손은 3대손까지를 종친으로 대우했다.

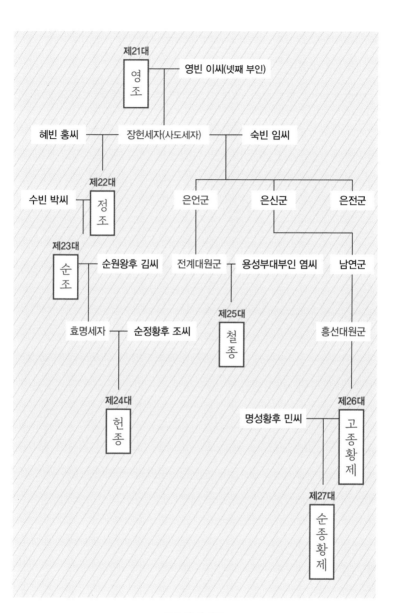

고종의 가계도

은신군이 대를 이을 자식이 없어서 홍선군의 아버지 남연군을 데려다 양자로 삼았어.

이렇게 되니 홍선군의 가계는 왕과의 촌수가 아주 가까워졌어. 정조의 아들 순조와 남연군이 사촌, 그다음 대인 순조의 아들, 훗날 익종으로 추존되는 효명세자와 남연군의 아들 홍선군과는 6촌, 효명세자의 아들 헌종과 홍선군의 아들 명복(고종의 아명)과는 8촌이었어. 그런데 촌수가 가까워져도 홍선군 입장에서는 감히 왕위는 꿈도 꿀 수 없었지. 그런데 이런 상황에서 낙타가 바늘구멍을 통과하는 기적이 일어났어. 홍선군의 둘째 아들 명복이 대통을 잇게 된 거야.

철종은 대통을 이을 아들이 없었어. 슬하에 5남 1녀를 두었지만, 다섯 아들 모두 일찍 죽었거든. 딸 영혜옹주마저 결혼하기는 했지만 열네 살에 죽어. 이런 철종의 박복은 오히려 홍선군에게는 기회였어.

이 무렵 홍선군은 제대로 기를 펴고 살지 못했어. 풍양 조씨와 안동 김씨의 세도 정치*가 판을 쳤거든. 어쩌면 이들의 권력이 왕보다 더 컸다고 해도 틀린 말이 아닐 거야. 게다가 세도가들은 왕족들을 특별히 감시했어. 일개 왕족이라 해도 왕족은 왕족이니까, 혹시 무슨

**세도 정치**

조선 왕조의 외척, 즉 어머니 쪽 가문이 왕의 위임을 받아 정권을 잡고 나라를 다스리던 정치이다. 세도 정치 시기에는 돈을 내고 벼슬을 사는 매관매직 같은 부정부패가 만연했다.

일을 일으켜 자신들의 기득권을 공격할까 봐 그랬던 거야.

　이런 정치적 상황을 간파한 홍선군은 처세의 달인처럼 행세했어. 양반의 잔칫집이나 상갓집에 드나들며 술과 음식을 얻어먹는 비렁뱅이 행세를 한 데서 '상갓집 개'로 불렸대. 그런데 야사◆에 나오는 이 얘기와 달리 실록에는 홍선군의 말과 행동이 다른 이들에게 모범이 된다고 기록하고 있어. 야사가 거짓일 가능성도 있다는 얘기지만

돈만 내도
벼슬을 살 수 있다니,
세상 참 좋아!

왕은 아무것도 못해!
완전 허수아비라고~

◆ 야사

관에서 편찬한 역사서인 정사와 대립되는, 개인이 지은 역사서를 뜻한다.

홍선군의 이런 기행은 철저히 계획된 것이었어. 정무 감각이 뛰어난 그는 철종이 시름시름 앓는 상황에서 대를 이을 아들이 없다는 것에 주목하고 철종 다음을 내다보고 있었던 거야.

홍선군은 큰 그림을 그리기 시작했어. 안동 김씨 세상에서 이들에게 권력을 빼앗긴 풍양 조씨와 손잡으면 다음 왕권까지 넘볼 수 있을 것 같은 거야. 홍선군은 이 큰 그림을 완성시켜 줄 수 있는 인물을 떠올렸어. 안동 김씨에게 권력을 빼앗겼지만 풍양 조씨를 움직일 수 있는 신정왕후였지. 그는 앞에서 언급한 순조의 아들 효명세자의 부인이자 헌종의 어머니인 조대비였어.

조대비는 철종 다음에 왕이 될 사람을 결정할 수 있는 대궐의 가장 큰 어른이야. 조선 시대에 왕이 죽으면 당연히 아들인 세자가 왕이 되는데, 세자가 죽거나 정해지지 않았으면 대비가 왕을 결정하거든. 홍선군은 조대비의 친조카 조성하와 친교를 맺는 한편 은밀히 손을 잡으려고 제안해. 조대비로서도 손해 볼 것이 없었어. 빼앗긴 친정의 위신과 명예를 되찾을 수만 있다면 그걸로 만족이었으니까.

결국 철종이 죽자 조대비와 홍선군은 재빠르게 홍선군의 둘째 아들 '명복'을 효명세자의 양자로 입적시켜. 왜 서둘렀을까? 최고 권력에 정통성이 없다면 그 권력은 모래 위에 지은 성처럼 위태로워져. 일개 종친이 왕이 된 것과 왕의 아들이 왕이 된 것 사이에는 하늘과 땅만큼이나 차이가 커. 효명세자는 왕위에 오르지 못하고 죽었지만 '익종'이라는 임금의 칭호를 받은 엄연한 왕이었으니 그의 아들이라면 정통성을 완벽하게 갖추는 거지. 또 효명세자가 안동 김씨와 사이가 안 좋았던 것도 한몫했어. 조대비 입장에서는 이런 안동 김씨와 정치를 계속한다는 게 껄끄러웠거든.

이렇게 해서 신정왕후 조대비와 흥선군 이하응이 몰래 약속해서 흥선군의 둘째 아들 이명복을 조선의 26대 왕으로 즉위시켰어.《고종실록》에서 익종대왕의 대통을 잇는다고 한 것도 바로 이러한 이유가 있었기 때문이야.

'입승入承'이란 말의 뜻도 알아보자. 입승의 한자인 이을 승承 자는 대를 잇는다는 의미야. 그런데 왜 굳이 입승이라고 했을까? 입승은 왕에게 아들이 없을 때 왕족 중의 한 사람이 왕의 대를 잇는다는 뜻이래. 철종이 대통을 이을 후사 없이 죽자, 먼 왕족인 흥선군의 둘째 아들 이명복으로 대를 이었으니, 입승이라고 한 거야.

## 권력을 손에 쥔 흥선대원군

이렇게 흥선군의 둘째 아들 명복, 즉 '고종'의 시대가 활짝 열렸어. 그런데 고종의 시대라고 하기엔 아직 일러. 그때 고종의 나이가 고작 열두 살이었거든. 왕이 어리면 왕의 어머니나 할머니 같은 왕실의 어른이 수렴청정을 해. 수렴청정은 왕을 직접 보지 않기 위해 발을 치고 그 뒤에서 함께 정사를 돌보는 걸 뜻해. 쉽게 말하면, 어린 왕

흥선대원군

을 대신해 정치를 하는 거야.

고종에 대한 수렴청정은 당연히 조대비의 몫이었어. 그런데 조대비는 형식적인 수렴청정만 할 뿐 실질적인 정치는 왕의 아버지 흥선군이 맡았어. 흥선군과 조대비 사이의 약속에 따라 대궐의 내치는 조대비, 외치는 흥선군이 맡기로 했거든. 흥선군의 정치는 수렴청정이 아니라 대신 정치하는 '섭정'이었어.

고종이 즉위하던 날 흥선군에겐 '흥선대원군'이란 작위가 내려졌어. '대원군'은 자식 없이 죽은 왕의 뒤를 이은 새 왕의 친아버지에게 내리는 작호야. 우리는 대원군이라고 하면 으레 흥선대원군을 떠올리지만, 조선 시대에는 대원군이 흥선군 말고도 3명이나 더 있었어. 선조의 아버지 덕흥군, 인조의 아버지 정원군, 철종의 아버지 전계군이 있었는데, 이들의 존재감은 거의 없었어. 아들이 왕이 될 때 이미 죽었었거든. 하지만 흥선대원군은 이들과 달리 살아 있었고, 정치적 욕심도 많았어.

물을 만난 물고기처럼 흥선대원군(이하 대원군)은 왕권을 잡자마자 개혁 정책들을 거침없이 펼치기 시작했어. 고종은 온데간데없고 오로지 대원군의 호령 소리가 천지를 진동시켰다고 해도 틀린 말이 아니었지.

당시 참선비로 꼽히는 황현이 쓴 《매천야록》에 대원군의 정치를 상징하는 일화가 하나 있다고 해. 집권 초 어느 날 대원군이 공회에서 당당한 기세로 재상들에게 이렇게 말했어.

"내가 천 리를 지척으로 압축시키고, 태산을 깎아 평지로 만들고, 남대문을 3층으로 높이려고 하는데, 여러분의 뜻은 어떻습니까?"

이 말을 듣자 공회 참석자들은 당황스러웠어. 대원군 앞에 선뜻 나서서 맞장구 치기가 곤란했거든. 아무도 말을 못 하고 멀뚱멀뚱 있는데, 김병익이란 자가 대원군 앞에 나왔어. 김병익의 성을 보면 알 수 있듯, 김병익은 세도가 안동 김씨 일족이었지. 감히 대원군 앞에 당당히 설 수 있는 사람이 안동 김씨 말고 누가 있겠어. 그는 이렇게 할 말을 끝내고는 밖으로 나가버렸다고 해.

"천 리를 지척으로 압축하려 하면 지척이 되고, 남대문도 3층으로 높이면 3층이 될 것입니다. 지금 대감께서 무슨 일을 못 하겠습니까? 그러

황현과 《매천야록》

나 태산은 태산인데 어찌 쉽게 평지를 만들 수 있겠습니까?"

이에 대원군은 한참 생각하더니 혼잣말로 이렇게 중얼거렸대.

"저 혼자 잘난 척하는군."

그러면 대원군이 한 말은 무슨 뜻일까? 《매천야록》에 따르면, 천
리를 지척으로 한다는 것은 종친을 높인다는 뜻이고, 남대문을 3층
으로 한다는 것은 남인을 기용한다는 뜻이며, 태산을 평지로 만든다

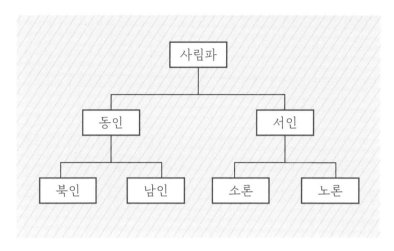

사림파의 분파 과정

는 것은 노론을 억제하겠다는 뜻이래.

여기서 '종친', '남인', '노론'의 뜻을 모른다면, 대원군의 말을 이해할 수 없겠지. 종친은 전주 이씨 왕족이야. 왜 종친을 높인다고 했을까? 세도 정치 속에서 종친들은 위축되었기 때문에 멸시를 받은 종친들의 체면을 세워 주겠다고 한 거야.

그리고 남인은 퇴계학파의 '동인'에 뿌리를 둔 당파야. 사색당파*는 들어 봤지? 사림이 동인과 서인(율곡학파)으로 나뉘고, 또 동인은

---

 사색당파

조선 선조 때부터 후기까지 사상과 이념의 차이로 분화해서 나라의 정치적인 판국을 좌우한 네 당파인 노론, 소론, 남인, 북인을 이른다.

남인과 북인, 서인은 소론과 노론으로 분파되면서 네 개의 당파가 생겼어. 이때 남인들은 안동 김씨의 세도 정치 속에서 아무런 구실을 하지 못했어. 그래서 대원군은 권력에서 멀어진 남인을 등용시키겠다고 생각했던 거야.

노론은 당시 안동 김씨 세도가의 실권자인 김조순의 정치적 기반이었어. 노론은 마음만 먹으면 왕 하나쯤 마음대로 바꿀 수 있을 만큼 큰 권력을 누리고 있었거든. 그런 권력자인 노론을 견제하겠다는 얘기지.

이 일화는 대원군이 앞으로 어떤 정치를 하겠다는 뜻을 분명하게 드러낸 것이었어. 일종의 '탕평책', 특정 정파의 독식이 아니라 모든 정파에서 골고루 등용하겠다는 의미야. 세도가 안동 김씨 입장에서는 환장할 노릇이었어.

## 비변사와 서원을 없애다

비장함까지 내보이는 대원군은 과연 어떤 부분을 먼저 개혁했을까? 대원군이 가장 먼저 개혁을 시도한 대상은 '비변사備邊司'였어. 비변사는 원래 국방에 관한 사무를 맡아보던 관아야. 그런데 임진왜란을 겪으면서 기능이 확대, 강화되더니 나라의 최고 정책 결정 기관으로 군림했지. 군인들이 모든 권력을 쥐락펴락한 거야. 정책 결정 기관인

의정부는 없는 기관이나 마찬가지였어. 의정부는 요즘 정부 직제로 보면 '국무총리실'이야.

그럼 대원군은 왜 비변사부터 개혁했을까. 권력을 독차지하면 반드시 부작용이 생기듯, 당시 세도가들이 비변사를 수단으로 삼아 권력을 남용했던 거야. 그러니 이 걸림돌을 제거하지 않으면 대원군의 권력 행사도 어려워지는 거지.

대원군은 애초 비변사를 점진적으로 개혁하려 했어. 그래서 처음에는 비변사의 본래 업무인 외교·국방·치안만 맡도록 하고, 나머지는 모두 기존에 업무를 담당했던 의정부에 넘기도록 한 거야. 하지만 그것으로 성이 차지 않았는지 대원군은 이듬해인 1865년에 비변사의 모든 기능을 의정부에 흡수시켜버렸어. 비변사는 해체되어 역사 속으로 사라지지.

다음으로 대원군은 '서원書院'을 철폐해. 서원은 '선비들이 모여 학문을 강론하고, 석학이나 충절로 죽은 사람에게 제사하던 곳'이야. 이러한 사전적 의미라면 서원은 되레 권장하는 게 맞지만, 성균관·향교와 더불어 3대 학문의 전당으로 꼽혔던 서원이 인물을 배향하

도산 서원은 서원 철폐령에서 제외된 47개 서원 중 하나이다.

면서 문제가 생기기 시작한 거야. 많은 권력을 쥔 가문에서 자기 가문의 인물을 위한 과시용 서원을 앞다투어 지었거든. 문제는 특정 인물에 대한 서원이 여러 개가 세워졌다는 점이야. 가령, 송시열 같은 인물을 배향하는 서원은 전국에 무려 44개가 세워질 정도였어. 그렇게 서원이 많아지면서 결국 서원은 정치적 집단이 되었어. 서원은 세도 정치의 정치적 기반으로 기능했고, 대원군이 아닌 누가 보더라도 서원은 스스로 개혁을 부를 만큼 타락했어.

야사에 따르면, 대원군은 서원에 특별히 유감이 많았대. 그가 충북 청주에 있는 화양동 서원에 갔었나 봐. 화양동 서원은 송시열을 배향하는 노론의 성지 같은 곳이야. 거기에는 임진왜란 때 지원군을 보낸 명나라 신종을 기리는 만동묘萬東廟가 있어. 대원군은 그곳에 참배하러 간 거지. 그런데 묘지기가 임금도 부축해서 계단을 오르지 않는데 감히 황제 앞에서 부축을 받느냐고 했다는 거야. 당시 대원군의 형편이 어려웠으니 옷차림이 남루했을 테고, 계단이 가팔라 부축을 받았겠지. 묘지기가 대원군의 차림새만 보고는 노인이라고 대놓고 무시했어. 화양동서원의 위세가 어떠했는지 상징적으로 보여 주는 일화야. 그리하여 대원군은 1865년 3월 29일, 칼을 빼 들고 만동묘부터 쳤어. 조대비가 형식적으로 수렴청정을 하고 있었던 터라 대원군은 조대비를 통해 교지◆를 내려서 간접적으로 명령했어.

"만동묘의 제사는 이제부터 멈추어 철거하고 위패와 편액은 대신과 예조 판서를 보내어 모셔 오게 해서 황단皇壇의 경봉각敬奉閣에 보관하고 편액은 그대로 경봉각에 걸도록 하라."

대원군이 '만동묘 철폐'라는 초강수를 두자 유생들은 크게 반발했어. 만동묘가 갖는 상징성에 비추어 다른 서원들도 언제든 철폐 대상이 될 수 있다는 위기감이 컸거든. 오죽하

대원군이 수모를 겪은 가파른 계단과 만동묘

면 검은 두건과 가죽 허리띠를 한 1만 명이 서울에 모여 데모를 했을까. 하지만 대원군은 눈썹 하나 까딱하지 않았어. 박은식의《한국통사》에 보면 대원군의 입장이 얼마나 단호했는지 알 수 있지.

"진실로 백성에게 해가 된다면 공자가 다시 살아서 와도 결단코 들어줄 수 없다."

 교지

조선시대 국왕의 명령 및 의중을 담은 언사 또는 국왕이 관직 등을 내리는 문서 가운데 첫 행에 '교지敎旨'라고 표기하는 문서군을 지칭하는 용어이다.

대원군이 유교의 시조인 공자까지 들먹이고, 또 자기 조상인 인평대군을 배향하는 서원도 가차 없이 철거했어. 그는 모든 서원을 조사해서 부실하고 비리가 많은 서원은 철폐하라고 명령을 내렸지. 결국 1871년에 679개의 서원 중 47개만 남기고 모두 철폐돼.

## 다시 세운 경복궁

대원군의 세 번째 개혁은 경복궁을 중건하는 거였어. 중건은 '대궐을 고쳐 짓는 것'을 말해. 경복궁은 조선의 정궁正宮인데, 1592년 임진왜란 때 불에 타서 폐허가 된 채 방치되어 있었어. 대원군은 비록 종친이지만 무너진 경복궁만 바라보면 마음이 아팠을 거야. 그래서 대원군은 무너진 경복궁을 반듯하게 세우기로 했는데, 경복궁 중건에는 숨은 뜻이 있었어. 세도 정치로 짓눌려 있던 왕권이 대원군의 집권으로 다시 살아나는 거라는 의미이기도 했지. 그래서 1865년 음력 4월 3일, 조대비의 전교에 따라 관련 회의가 열렸고, 특별 지시가 내려져. 《고종실록》에 그 지시가 기록되어 있어.

"이처럼 더없이 중대한 일은 나의 정력으로는 모자라기 때문에 모두 대원군에게 맡겨 버렸으니 매사를 꼭 의논해서 처리하라."

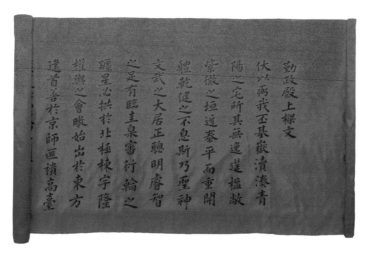

경복궁 근정전의 공역 일시 등이 적힌 상량문

　대원군이 실질적 권력을 휘두르긴 하더라도 형식적 권력은 조대
비에게 있었어. 그런데 합법적이고 공개적으로 대원군이 권력자임을
선언한 거야. 이 선언은 대원군에게 모든 권한을 위임한다는 특별
지시지. 조대비라는 날개를 단 대원군은 그날로 '영건도감營建都監'을
설치해. 영건도감은 나라의 중요한 건축 공사를 맡아보던 임시 관청
이야. 이후 1865년 음력 4월 13일 경복궁 중건 공사를 시작했어.

　지금도 이런 나랏일에는 세금을 사용해. 그런데 당시 조선에는 돈
이 없었어. 돈은 없는데 경복궁을 지어야 해서 '원납전願納錢'이 생겼
어. 궁궐 공사를 위해 자발적으로 바치는 기부금이지. 경복궁 중건
은 백성들도 크게 공감했기에 자발적으로 기부금을 내고 인부로도
자원하는 등 범국민적 호응 속에서 진행됐어.

(京88)　　TOKUJU-PALACE　　(殿宮下殿王太李) 宮嘉德城京　(所名鮮朝)

중건된 경복궁과 덕수궁

그런데 좋은 일을 시샘하듯 안 좋은 일이 따라왔어. 본궁이 거의
지어지고 다른 전각들이 뼈대를 갖추어 갈 무렵 불이 난 거야. 1866
년 3월, 80여 칸에 쌓아 둔 목재가 다 타버렸어. 게다가 이듬해인
1867년에 거의 절반이 지어진 상태에서 또 불이 났어.

엎친 데 덮친 상황에서 대원군은 미치고 펄쩍 뛸 지경이었어. 돈과
인부가 문제였지만 대원군은 여기서 물러서지 않았어. 그는 새롭게
돈을 구할 방법을 찾았지. 일단 자발적인 기부였던 원납전을 재산에
따라 일정 금액을 부과하는 강제적인 세금으로 전환했어. 그래서 백
성들 사이에서는 원납전의 원 자가 원망할 원怨 자를 쓴 원납전이라
고 불리기도 했어.

문제는 이래도 돈이 부족해서 '당백전當百錢'을 만들었는데, 당시 화폐인 상평통보보다 가치를 100배로 쳐주는 돈을 발행한 거야. 실제 가치는 상평통보의 대여섯 배에 불과했대. 결과적으로 돈의 가치가 떨어지고 동전 만드는 재료까지 부족해 농민들의 농기구도 빼앗았어. 말도 못할 부작용을 불렀지.

우여곡절 끝에 경복궁은 착공 7년 만인 1872년에 중건됐어. 지금 서울 광화문에 우뚝 서 있는 그 경복궁이야. 하지만 대원군을 향한 응원의 박수가 되레 백성들의 원망과 비판을 담은 '경복궁 타령'을 유행시키게 했다고 해.

## 대문을 닫은 조선

이번에는 대원군을 상징하는 '쇄국 정책鎖國政策'을 알아보려고 해. '쇄鎖' 자가 '쇠사슬'을 뜻하는 것이니 나라를 쇠사슬로 묶는다, 즉 외국 것을 받아들이지 않겠다는 정책이야. 그런데 이 용어는 일본 사람이 만들었대. 그래서 솔직히 사용하고 싶진 않지만, 딱히 다른 용어도 없고 우리에게 너무도 친숙해서 사용할 수밖에 없네.

이 무렵의 세계 정세를 한마디로 표현하면 '제국주의' 시대라고 할 수 있어. 힘센 나라가 군사나 경제적 우위를 무기로 힘이 약한 나라를 정복하려는 경향이 노골화되던 시기야. 그러다 보니 미국이나 프랑스, 영국 같은 서양 열강들이 아시아 약소국 앞바다에 나타나 항구를 열라고 위협하곤 했지. 일제와 청나라 모두 이양선의 함포 사격에 굴복해 미일화친 조약과 난징 조약을 각각 맺고 항구를 열었어. 하지만 조선은 달랐어. 섬겨야 하는 사대국인 청나라하고만 교역을 했기 때문에 대원군은 국력을 먼저 키운 뒤 빗장을 열어야 외국 문물에 잠식당하지 않는다고 생각했어.

그런데 잊을 만하면 서양의 배인 이양선이 나타나 조선의 신경을 건드렸어. 자칫 이 문제를 소홀히 하다가는 일제나 청나라처럼 될 수도 있다는 위기감에 조선은 빗장을 더 꽁꽁 닫았지.

이때 러시아가 남쪽으로 내려오는 '남진 정책'을 펴면서 조선에 들

난징 조약을 체결하는 청나라와 영국

어와 통상을 요구해. 조정은 발칵 뒤집혔어. 이 문제로 골치를 앓던 대원군은 한 가지 묘책을 생각했어. '이이제이以夷制夷' 정책인데, 오랑캐를 이용해 오랑캐를 제압한다는 거야. 즉 서양인(프랑스)을 이용해 서양인(러시아)을 제압하겠다고 구상한 거지. 당시 천주교 포교 활동을 위해 프랑스 신부들이 조선에 들어왔었거든.

대원군은 처음부터 천주교를 나쁘게 생각하진 않았어. 부인뿐만 아니라 주변 사람 여럿이 천주교 신자였거든. 그래서 협력해달라고 프랑스 신부 측에게 요청하고 논의했지만, 논의가 매끄럽게 진행되지 않았고, 그 일로 대원군은 프랑스 신부에 대한 반감을 가졌어.

시간이 지난 1866년 봄, 대원군이 천주교를 탄압하며 프랑스 신

강화도를 침략한 프랑스 함대

부와 조선인 천주교 신자 수천 명을 학살했어. 이때 살아남은 리델 Ridel 신부가 청나라로 탈출해 프랑스 함대사령관 로즈Roze, P.G에게 이 사실을 알렸고, 로즈는 보복을 준비해. 그해 10월 로즈가 대함대를 이끌고 강화도에 상륙해서 조선군과 전쟁을 벌였는데, 이 전쟁이 바로 '병인양요丙寅洋擾'야.

대원군은 1871년에 미국과도 전쟁을 하는데, 그건 '신미양요辛未洋擾'라고 불러. 병인양요가 일어나던 해 8월 미국 상선 제너럴 셔먼호 General Sherman가 대동강을 거슬러 올라와 통상을 요구하며 조선 관리를 억류했어. 그러자 평양 관찰사 박규수가 무력을 써서 이 상선을 불태워 버리지. 미국 역시 가만있질 않았어. 철저하게 준비해서 1871년에 다시 쳐들어와 통상을 요구했지. 당연히 조선은 거부했고,

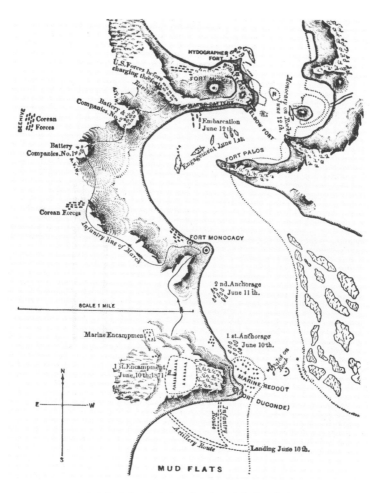

초지진에서 광성보까지의 공격로가 그려진 미국의 전투도

미국은 강화도 초지진에 상륙해서 공격했어. 대원군은 더 강하게 나섰지. 강화도 광성진이 함락된 그다음 날인 4월 25일, 대원군은 전국에 척화비斥和碑를 세우라고 지시하며 빗장을 더 세게 잠갔어.

"서양 오랑캐가 침범하는데 싸우지 않는 것은 곧 화친하자는 것이고 화친하자는 것은 나라를 파는 것이니, 이를 자손만대에 경고하노라."

이렇게 더 세게 나오자 미국은 당황했어. 할 수 없이 미국 함대는 5월 16일에 스스로 뱃머리를 돌려 철수해.

대원군 쇄국 정책의 상징인 척화비

이 두 양요에서의 승리는 조선과 대원군의 기를 한껏 올려 줬어. 하지만 권불십년權不十年이라 했던가. 아무리 높은 권세도 십 년을 가지 못한다는 말이 틀리지 않았어. 마냥 어리기만 했던 고종이 어느덧 스물두 살의 청년이 되었고, 대원군의 독주에 불만을 가졌던 고종의 부인 중전 민씨가 친정 세력을 등에 업고 반대원군 세력을 형성한 거야. 나름 세를 확보하자 고종은 직접 정치를 하겠다고 선언했어. 직접 정치를 한다는 뜻인 친정 선포는 곧 아버지와 결별을 의미하지. 이렇게 해서 화려하게 등장한 대원군은 아들과 며느리에 의해 권력에서 밀려났어.

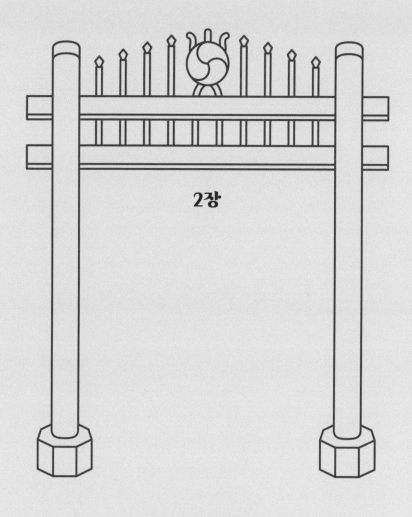

2장

# 중전 민씨는
# 어떻게 권력을 잡았을까

# 자기 정치를 시작한 고종

"자기 자리가 아닌데도 국정에 간여하는 자는 단지 그 지위와 녹만을
받들어 중하게 여긴 것이다."

1873년 11월 14일, 유학자이자 올곧은 선비로 꼽히는 최익현이
올린 상소 중 일부야. 그가 말한 "자기 자리가 아닌데도 국정에 간여
하는 자"는 누구일까? 고종의 수렴청정을 하는 신정왕후 조대비일
까? 그런데 조대비는 대원군에게 정치를 맡겼으니, 최익현이 지목한
사람은 바로 대원군이었어. 최익현은 왜 나는 새도 떨어뜨릴 만큼
큰 권력을 휘두르는 대원군에게 직격탄을 날렸을까.

최익현은 5년 전인 1868년에도 대원군의 개혁을 비판하는 상소를

면암 최익현 영정

올렸어. 토목 공사 중지, 수탈 정책 중지, 당백전 철폐, 사대문을 통과할 때 내는 통과세인 사문세四門稅 폐지를 주장했지. 이 상소로 최익현은 전국적인 스타가 되었어. 당시 누가 감히 대원군에게 직격탄을 날릴 수 있었겠어. 최익현의 사이다 같은 상소가 억눌려 있던 민심을 자극한 거야.

그리고 또 5년이 흘렀어. 달라지는 건 없고, 오히려 더 무리수가 가득한 정권이었지. 누군가 총대를 메야 하는 공감대가 잔뜩 부풀어 있는 이때 마침 최익현이 등장했어. 그는 대원군더러 임금의 아버지로 대접이나 잘 받으면 그만인데 정치까지 간여하니 나라가 어지러울 수밖에 없다고 직격한 거야. 역사에서 '계유상소癸酉上疏'라 부르는 이 상소는 앞으로 펼쳐질 대반전의 날갯짓이었어.

아버지를 공격하는 상소를 받아든 아들 고종의 기분은 어땠을까? 당연히 나빴겠지. 유교 나라에서 부모는 임금과 같은 존재야. 설령 아버지의 허물이 분명하더라도 쉽게 받아들일 수 없어. 더욱이 최익현의 지적은 정치적 공격일 수도 있는 일이잖아. 당연히 최익현을 괘씸죄로 다스려야겠지. 그동안의 전례로 보면 상소를 올린 자는 아마도 벌을 받을 가능성이 커.

그런데 예상을 뛰어넘는 반전이 일어나. 고종이 동부승지였던 최익현을 호조참판으로 승진시켜. 상황은 이상하지만 의미는 복잡하지 않아. 고종은 아버지 대신 최익현을 지지한 거야.

최익현은 자신도 예상하지 못했던 승진에 놀라 곧바로 사직 상소를 올려. 고종의 조치를 접한 정치권도 난리가 났어. 좌의정·우의정을 비롯해 호조·예조·공조·병조판서들이 줄줄이 사직서를 냈어. 성균관 유생들이 동맹 휴학까지 하면서 고종의 조치에 반발했고, 상황은 쉽게 수그러들지 않았지.

그러자 고종은 한발 물러섰고, 이에 의금부는 최익현을 대역죄로 다스리려고 했어. 하지만 고종은 '조대비의 지시'라며 제주도 유배형에 처했어. 가벼운 처벌이라고 항의가 잇따랐으나 고종은 자신의 결정을 굳게 밀고 나갔지. 벌주는 시늉만 한 셈이야.

여기서 지금까지의 고종과 다른 모습에 주목해야 해. 고종은 조대비와 아버지의 그늘에서 투명 인간처럼 지내면서 무늬만 왕이었다고 해도 틀린 말이 아니었잖아. 그런데 이 문제에서만큼은 고종은 다른 사람이었어. 달라진 고종은 대원군 측근들이 낸 사직서들을 다 받아들여서 내쫓아. 보통 의사 표시로 내는 사직서는 되돌려주는 게 일반적인 관례야. 아마도 대원군 측근들도 고종의 조치에 대한 항의로 사직서를 냈을 텐데, 왜 전부 받아들였을까? 사표 수리는 고종이 대원군의 그늘에서 벗어나 이제부터 자기 정치를 하겠다는 의지의 표현으로 볼 수 있어. 대원군이 출입하던 창덕궁의 전용문까지 사전 통보 없이 닫아건 것으로 보아 고종의 의지는 단호했지. 연약한 왕으로만 보이던 고종에게 저런 결기가 있었나 싶을 정도였어.

## 중전 민씨의 등장

결국 고종이 직접 정치를 하는 '친정 체제'가 시작되는데, 여기서 고종의 부인, 중전 민씨를 주목해야 해. 본격적으로 중전 민씨를 알아보기 전에 확인해야 할 게 있어. 사람들은 왜 왕의 부인인 중전 민씨를 나중에 '왕후'가 아니라 '황후'라고 부르게 되었을까? 시간이 지나 1897년에 조선도 '대한제국'이라는 제국帝國이 되고, 고종도 왕에서 황제가 되잖아. 그래서 황제의 부인은 황후여서 중전 민씨는 명성황후가 돼.

그럼 중전 민씨는 어떤 사람일까? 중전 민씨는 경기도 여주에서 태어났어. 지금 여주에 보존된 '감고당感古堂'은 원래 숙종이 다시 장가를 가서 새로 맞은 계비 인현왕후가 친정을 위해 특별히 지은 집이야. 인현왕후는 이 집을 지으면서 여주에 있는 아버지 민유중의 묘소를 관리하기 위한 묘막도 지어. 중전 민씨는 이 묘막에서 1851년 9월 25일에 태어났어. 그런데 뜬금없이 인현왕후가 왜 여기서 나오냐고? 인현왕후는 중전 민씨의 5대조 할아버지의 누나야. 그러니까 중전 민씨한테는 5대 고모뻘이지.

중전 민씨의 이름은 자영 또는 아영이라고 흔히들 말하는데, 이것은 소설에 나오는 이름이고 실제 이름이 무엇인지는 알려지지 않았어. 조선 시대 여성들은 성씨를 따서 불렸기 때문이야.

중전 민씨의 가계는 나름대로 뼈대 있는 집안이었어. 하지만 그때는 무척 가난했대. 게다가 중전 민씨의 형제자매가 1남 3녀였는데, 모두 어려서 죽고 중전 민씨만 남았던 거야. 중전 민씨는 아버지 민치록으로부터 《소학》이나 《효경》 같은 책을 물려받아 즐겨 읽었는데, 특히 역사를 좋아해서 혼란한 세상을 다스린다는 치란治亂과 국가의 전례와 고사인 전고典故에 밝았다고 해.

그러다가 중전 민씨가 아홉 살이 되던 해, 아버지가 사망하면서 어렵던 가세는 더 기울었어. 부모는 물론이거니와 형제자매마저 없는 한미한 집안이었다는 점은 훗날 큰 장점이 되었지. 역사를 보면 왕비의 친정 세력이 힘을 키워 나랏일을 쥐락펴락하는 경우가 많았잖아. 그 대표적인 것이 세도 정치야. 안동 김씨와 풍양 조씨가 대표적인 가문이지. 대원군은 지금 정치의 한가운데서 절대 권력을 누리고 있는데 방해받고 싶지 않았을 거야. 그러니 아예 가능성조차 만들고 싶지 않았겠지.

대원군은 부인인 여흥부대부인 민씨에게 이런 점을 고려해 왕빗감을 찾아보라고 했어. 조대비는 사실 안동 김씨의 세도 정치에 맞서기 위해 친정 일가인 조면호의 딸을 고종의 비로 삼을 작정이었지만 대원군은 거부했어. 그렇게 되면 풍양 조씨가 득세할 수밖에 없었거든. 그러면 자신의 자리가 위험해지는 건 시간문제였어.

여흥부대부인 민씨는 12촌 사이였던 민치록의 딸을 심중에 두고 있었어. 민치록은 대를 이을 자식이 없어서 10촌 사이인 민치구의 아들 승호를 양자로 들였어. 민치구는 여흥부대부인 민씨의 아버지니까 승호는 바로 자기 친동생이지. 이런 친족 관계인 데다 형제자매가 없다는 점이 강점으로 작용했어. 실제 간택령은 1866년 2월에 내려지지만 이미 대원군의 심중에는 중전 민씨가 자리 잡고 있어서 간택은 형식적인 절차일 뿐이었지.

그런데 대원군은 파락호 시절, 안동 김씨 가문의 김병학이나 김병문의 딸과 고종을 혼인시키기로 몰래 약속했었대. 그러나 이제 대원군은 풍양 조씨와 거래해야 해서 이 약속은 없었던 일이 됐어. 이 일로 안동 김씨 중 그나마 대원군에 호의적이었던 이들도 등을 돌렸다고 해. 이렇게 해서 중전 민씨가 1866년 3월 21일 고종과 가례, 즉 결혼을 하고 중전의 자리에 앉게 되었어.

## 대원군의 추락, 중전 민씨의 부상

고종과 결혼한 중전 민씨는 첫날밤도 제대로 치르지 못했다고 해. 열다섯 살이었던 고종은 정식 결혼 전부터 후궁인 귀인 이씨를 좋아

하고 있었거든. 혼인하던 날 밤도 고종은 귀인 이씨의 처소로 갔었나 봐. 중전 민씨는 크게 내색하지 않았지만 첫 번째 위기가 찾아왔어. 귀인 이씨가 1868년에 아들 '완화군完和君'을 낳은 거야.

당시 왕비의 권력은 아들에게서 나왔어. 그 아들이 훗날 왕이 되기 때문이야. 그런데 정실부인에게 아들이 없으면 후궁이 낳은 아들에게 왕위가 돌아가게 돼 있어. 그러니 아직 아들을 낳지 못한 중전 민씨에게는 위기였지.

하지만 중전 민씨도 1871년에 보란 듯이 왕자를 낳았어. 그런데 왕자가 항문 없이 태어나 나흘 만에 죽어. 야사에는 대원군이 왕자에게 산삼을 달여 먹여 죽였다는 말도 있지만 신빙성은 떨어져. 완화군은 서자였고, 중전 민씨가 낳은 아들은 적자야. 조선 시대에 정실부인이 낳은 적자와 후궁이 낳은 서자의 계급 차이는 하늘과 땅만큼이거든. 그런데도 적자를 죽이려 했다는 것은 상식적이지 않아.

상황이 이렇게 되자 시아버지 대원군은 완화군을 세자로 책봉하려고 했어. 완화군이 태어났을 때 대원군은 중전 민씨가 민망해할 정도로 기뻐했다고 해. 대원군의 심중이 어디에 있는가가 드러났으니 중전 민씨가 설 자리는 당연히 좁아졌지. 중전 민씨는 추락하는 자신의 처지를 가만히 보고만 있을 수는 없었어. 하지만 중전 민씨에게는 서슬 퍼런 시아버지 대원군을 꼬꾸라뜨릴 마땅한 무기가 없었지. 가장 가까운 친정 세력도 힘이 되지 못했어. 대원군이 민씨들을 중용하긴 했었는데, 그건 며느리보다 부인인 여흥부대부인 민씨를 생각한 인사였어.

같은 민씨끼리 서로 타협할 수 있지 않느냐고 물을 수도 있겠지만, 둘 사이는 그런 관계가 아니었어. 대원군의 안중에는 며느리가 아예 없었어. 자신과는 격이 다른, 한 줌밖에 안 되는 존재였던 거야. 타협은 서로 대등한 관계일 때 도모하는 것이지, 이미 기울어진 관계에선 고려의 대상이 아니야.

중전 민씨는 그렇다고 그냥 손 놓고 있을 수만은 없었어. 이곳저곳으로 믿을 만한 사람을 찾아 나섰지. 양오빠인 병조판서 민승호를 비롯해서 예조참판 민겸호, 승정원 도승지 민규호, 황해도 관찰사 민태호 등을 중전 민씨 편으로 만들어. 그러면서 양오빠 민승호를 활용해서 대원군과 척지고 있는 사람들도 끌어들였어. 대원군에 의해 찬밥 신세가 된 풍양 조씨 조영하, 안동 김씨 김병기, 대원군의 형 흥인군 이최응, 서원 철폐에 불만을 품고 있었던 유림의 거두 최익현 등이 대표적인 인물이었지.

중전 민씨가 남편인 고종을 끌어들이는 것은 당연한 일이었어. 명분은 충분했고 고종은 민씨의 총명함을 익히 알고 있었던 터라 마음이 움직였지. 이

계유상소

런 와중에 앞에서 언급한 최익현의 계유상소가 올라온 거야. 대원군의 세상인데 대원군을 규탄하는 상소가 올라와서 조정이 벌집 쑤신 듯 난리가 나. 앞다투어 대역죄로 다스리라고 난리였지만 고종은 최익현을 되레 호조참판으로 승진시켰잖아. 이건 대원군보다 중전 민씨 편을 든 것이지. 이렇게 해서 중전 민씨가 정치 전면에 나서게 돼.

## 새로운 조선의 군대, 별기군

중전 민씨에 의해 권력에서 밀려난 대원군은 가만히 있진 않았어. 1874년 음력 11월 28일, 민승호가 사망하는 사건이 발생해. 민승호는 새로 권력을 잡은 중전 민씨의 핵심 측근이야. 민승호는 대원군 시절 벼슬길에 나서 호조판서를 비롯해 형조판서, 병조판서를 지내며 나름 입지를 다졌지. 그는 이날 한 승려에게서 진상품 상자를 받았어. 권력자에게 선물을 주는 것은 으레 있을 수 있는 일이라 민승호는 의심하지 않고 상자를 받았던 거야. 민승호는 가족들이 모두 모인 가운데 상자를 열었는데 상자를 열자마자 폭발물이 터졌어. 진상품 상자 안에 폭약이 들어 있었지. 이 폭발로 민승호는 물론 민승호의 아들과 중전 민씨의 친어머니 등이 그 자리에서 사망해.

황현의 《매천야록》을 보면 민승호가 죽을 때 대원군이 사는 집인 '운현궁'을 두세 번 손가락으로 가리켰다는 기록이 있어. 폭발의 배후가 대원군이라고 암시한 거야. 하지만 끝내 진상은 드러나지 않았어.

이 사건으로 중전 민씨는 엄청난 타격을 입었어. 하지만 곧바로 민승호를 대신할 민규호가 등장했어. 이 사람 역시 중전 민씨의 대표적인 핵심 참모로, 대원군 정책 지우기에 앞장섰던 인물이야. 특히 대원군의 쇄국 정책 대신 개항을 주장하는 등 민씨 정권의 정책 방향을 알게 해주었지.

민규호는 자기 친형 민태호의 아들 민영익을 죽은 중전 민씨의 양오빠 민승호의 양자로 보내려고 했어. 형 민태호가 반대하자 민규호는 "천의(중전 민씨의 뜻)를 어찌 감히 어기겠습니까? 양자를 보내어 함께 부귀를 누리는 것도 좋지 않겠습니까?"라고 형을 압박해서 일이 성사되게 했대. 그만큼 권력욕도 강했던 인물이야. 그런데 그도 우의정이 된 지 7일 만에 병으로 죽었어.

자, 이제 세상의 눈과 귀는 민승호의 동생 민겸호에게 쏠렸어. 그는 중전 민씨의 전폭적인 후원과 고종의 신임을 받으면서 판서는 물론이거니와 요직을 다 거치면서 핵심 실세가 돼.

민겸호는 특히 군대 개혁에 힘썼어. 구식 군대인 오군영五軍營◆에서 정예 병사 80명을 뽑아 1881년 5월에 신식 군대 '별기군別技軍'을 창

 오군영

조선 후기의 중앙군으로 임진왜란과 병자호란 등을 거치면서 궁궐과 한성부 및 도성 외곽의 수비를 위해 설치된 훈련도감訓鍊都監, 어영청御營廳, 금위영禁衛營, 총융청摠戎廳, 수어청守禦廳의 다섯 군영을 가리키는 말이다.

별기군(위)과 별기군 훈련 삽화

설했어. 그리고 무위영과 장어영을 설치해 기존의 오군영을 이군영二軍營으로 축소하고 많은 군인을 해고시켰지. 훈련은 일제 육군 소위 호리모토堀本禮造에게 맡겼어. 축소나 해고 같은 단어가 나왔다는 점을 보면 구식 군대인 오군영을 홀대하고 신식 군대인 별기군을 더 대우했다는 것을 알 수 있지. 급료는 물론이고 장식이 들어간 군복을 지급하는 등 별기군을 더 좋게 대우했어.

이렇게 민씨 정권은 권력을 장악했는데, 문제는 권력을 절제하지 못했다는 거야. 절제되지 못한 권력은 권력이 아니라 흉기지. 특히 민겸호는 중전 민씨와 고종이라는 호랑이를 앞세우고 호랑이 행세를 했어. 권력은 요물이어서 권력이 많아질수록 권력자는 탐욕스러워지거든. 역사에서 망한 권력을 보면 대부분이 탐욕을 절제하지 못했고, 민겸호도 이런 역사의 법칙에서 예외는 아니었어.

## 구식 군대의 분노, 임오군란

중전 민씨는 별기군 사랑이 지나친 나머지 뭐든 해주고 싶었던 모양이야. 잘해 주려면 돈이 필요했기에 필요한 돈은 오군영의 몫을 빼앗아서 만들었어. 오군영은 이런 눈에 띄는 차별을 받아도 군인이라는 사명감으로 버텼지만, 13개월이나 급료를 받지 못했어. 군영 내 불만은 임계점에 닿았고, 바늘로 톡 찌르기만 하면 그대로 폭발할 것처럼 긴장감이 흘렀어. 그러던 중 급료를 준다는 소식이 오군영 내에 퍼졌어. 때마침 호남에서 세금 양곡을 실어 나르는 배가 들어왔거든. 한 달 치이지만 구식 군인들은 모두 격하게 환영했지.

하지만 구식 군대의 사기에 찬물을 끼얹는, 도무지 이해할 수 없는 일이 일어나. 민겸호 집에서 일하는 하인들이 급료를 지급하는 일을 맡았는데, 급료로 줄 쌀에 겨와 모래를 섞은 거야. 최고급 쌀로 주어도 모자랄 판인데 먹지 못할 쌀로 준다는 것은 불난 데 기름 끼얹는 꼴이었지.

구식 군인들은 즉각 항의했어. 하지만 민겸호의 부하들은 눈썹 하나 까딱하지 않고 오히려 항의하는 군인들을 모욕하고, 심지어 민겸호는 고종의 명령을 무시하고 이들을 붙잡아 매질하는가 하면 감옥에 가두기까지 했어. 지렁이도 밟으면 꿈틀하잖아. 구식 군인들이 격분했고, 격분은 폭발로 이어졌어. 구식 군인들이 들고 일어난 거야. 이 사건을 역사에서는 '임오군란壬午軍亂'이라고 해.

흥분한 구식 군대 훈련도감 군인들은 일단 선혜청부터 공격했어. 선혜청은 세금으로 받은 쌀을 보관하는 창고야. 구식 군인들은 그 창고지기를 때려서 다치게 하고, 선혜청 책임자인 민겸호 집으로 쳐들어가 그의 저택을 부수며 폭동을 일으켰어. 민겸호는 부재중이라 처단하지 못했지. 그러자 이들은 운현궁으로 향했어. 민겸호와 중전 민씨에게 맞설 수 있는 사람이 대원군이라고 보고, 대원군의 저택인 운현궁으로 찾아간 거야.

이들에게서 사건의 처음과 끝을 전해 들은 대원군은 입가에 미소를 띠었어. 정치 9단답게 재빨리 머리를 굴려 보니 자신에게 기회였던 거야. 이 사건을 이용하면 잃어버린 권력을 되찾을 수 있을 것 같았거든. 대원군은 이들에게 무슨 일이 있어도 밀린 월급은 다 주겠다고 약속하는 한편, 일단 경거망동하지 말고 별도의 지시가 있을 때까지 대기하라고 했어. 대원군은 어떻게 하면 이걸 이용해 명분과 실리를 다 챙길 수 있을지 고민했어.

일단 이 사건을 '위정척사衛正斥邪' 운동으로 포장했어. 바른 것을 지키고 옳지 못한 것을 물리친다는 뜻이지. 조선 시대를 관통하는 유교적 이념에 충실하겠다고 해야 민심을 얻을 수 있을 거라고 본 거야. 이후 대원군의 부하들이 일제 공사관으로 가서 불을 질렀어. 별기군 교관이었던 호리모토 레이조堀本禮造 소위를 살해하고는 별기군마저 제압했는데, 이는 상징성이 컸어. 별기군은 사실상 중전 민씨의 사병이나 다름없었거든.

7월 24일 대원군의 지지를 등에 업은 병졸들은 대원군과 사이가 안 좋은 대원군의 형 흥인군 이최응을 죽이고, 중전 민씨를 잡기 위해 창덕궁으로 난입해. 이에 놀란 중전 민씨는 궁녀 옷으로 갈아입고 가까스로 궁을 탈출해서 충주에 있는 민응식의 집으로 피신했어. 민응식은 민씨 일가 중 한 명이거든.

상황이 이렇게 급변하자 고종은 친형인 이재면을 무위대장에 앉히는 한편 민씨 척족들을 파면해. 일종의 수습책이었지. 결국 고종은

작은 배로 도망가는 일제 공사관원

아버지 대원군의 복귀를 인정할 수밖에 없었어.

대원군은 여흥부대부인 민씨와 장남 재면을 데리고 궁으로 들어갔어. 대대적인 인사와 개혁 조치를 단행하고, 모인 오군영 병졸들을 해산시켰어. 하지만 일부가 중전 민씨의 처단을 요구하며 해산하지 않았지. 이에 대원군은 초강수를 두었어. 피신해 멀쩡히 살아 있는 중전이 사망했다고 발표하고는 국상을 준비시킨 거야. 중전이 입던 옷을 관에 넣고 장례를 치렀지. 여기엔 또 한 가지 노림수가 있었어. 중전이 죽었다고 세상에 알려지면 중전이 다시는 나타나지 못할 거란 정치적 계산이 있었던 거야.

한편 민씨 척족들 역시 가만있지는 않았어. 몰래 청나라에 줄을 넣어 출병을 요청했어. 그래서 청군이 들어오고, 이어 일본군도 조선에 들어와. 하지만 병력이나 화력이 우세했던 청나라군의 기세에 눌

려 일본군은 제대로 기를 펴지도 못했어. 이런 상황에서 민씨 척족들
은 청나라군과 모의해서 대원군을 임오군란 주모자로 몰아 청나라
로 납치하겠다는 계획을 몰래 세웠어.

　1882년 8월 20일, 청나라의 우창칭吳長慶이 영선사 김윤식을 대동
하고 남양만(현 경기도 화성시)에 왔어. 그리고 우창칭은 대원군을 자
신의 막사로 초대해. 외교적 감사함과 상의할 일이 있다는 게 명분
이었거든. 8월 25일 대원군은 조금도 의심하지 않고 우창칭의 막사
를 방문했지. 거기서 대원군과 필담을 나누던 마젠중馬建忠이 톈진에

가서 황제를 만나자고 제안하고 대원군은 이에 응해서 대원군을 데려갔는데, 이게 납치였던 거야.

끌려간 대원군은 리훙장李鴻章에게 심문받고 청나라 관리들에게 '흉선군(흉악한 조선의 폭군)'이라는 비아냥을 받는 등 갖은 모욕을 겪으며 3년간 유폐 생활을 해. 이때 대원군은 난초 그림을 그리는 것으로 평정심을 유지했는데, 이 석파란은 청나라에서도 유명해졌어. 이렇게 대원군은 정계 복귀를 시도했으나 한 달 남짓 봄날을 즐기다 중전 민씨에게 도로 빼앗기게 되었지.

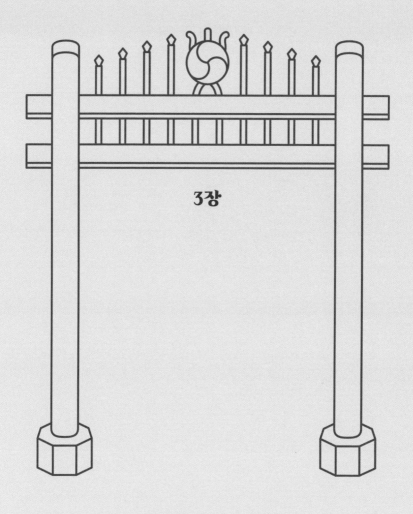

3장

# 개화파는 왜
# 갑신정변을 일으켰을까

# 개화의 바람이 불다

대원군이 척화비까지 세우며 강력하게 쇄국 정책을 폈지만, 나라의 빗장을 풀어야 발전할 수 있다, 즉 '개화開化'하자고 주장하는 이들이 있었어. 역사는 그들을 '개화파'라고 불러. 그런데 그들은 나라를 구하겠다고 '갑신정변甲申政變'을 일으켰지. 지금부터 그 배경을 살펴보자.

청나라의 힘을 빌려 대원군의 10년 권력을 밀어내고 대신 그 자리를 차지한 세력은 중전 민씨를 중심으로 한 민씨 척족들이야. 민씨 척족 정권은 대원군에 맞서서 등장한 세력이라서 쇄국을 지지하진 않았어. 청나라를 통해 서양의 우수한 문물을 받아들이자는 쪽이었지. 역사는 이들을 '사대당事大黨'이라 불러. 그들은 청나라를 등에 업고 있었던 세력이야. 사대당의 '사대'는 '큰 나라를 섬긴다'는 뜻이지.

개화파를 길러낸 박규수의 초상

당시 조선을 지배하던 사상은 유교였는데 이런 낡은 이념을 뛰어넘어 문호를 열어야 한다고 주장하는 진보적 흐름이 생기기 시작했어. 그 뿌리는 《열하일기》를 쓴 실학자 연암 박지원의 손자인 박규수야. '실학實學'은 실생활에 도움이 되는 실용적인 학문으로, 이념과 명분에 집착한 배고픔보다 이념과 명분을 뛰어넘은 배부름이 더 낫다는 주의지.

이런 할아버지를 둔 박규수가 1872년 사신으로 청나라에 다녀오면서 서양 문물의 우수성을 직접 눈으로 확인했어. 망치로 한 대 얻어맞은 듯 눈이 번쩍 뜨였지. 그런데 박규수는 1866년 대동강에서 미국 상선 제너럴 셔먼호를 불태운 평양감사였어. 당시 나라 정책을 따르느라 소신과 다르게 불태웠거나, 아직 개화에 대한 깨달음이 덜했을 수도 있어. 중요한 건 청나라를 보고 신선한 충격을 받았다는 거야.

이후 벼슬을 그만둔 박규수는 젊은이들에게 개화를 가르쳐야겠다는 일념으로 자신의 사랑방에 젊은 사람들을 모았어. 이때 박규수의 사랑방을 드나들던 젊은이들이 바로 김옥균을 비롯해 박영효, 유길준, 박영교, 홍영식, 서광범, 김윤식 등이었어. 이들 이름은 나중에 또 듣게 될 테니 기억하면 좋겠어.

아무튼 이 무렵 개화파들은 무조건 외세에 우리 문호를 개방하자는 것보다는 '동도서기론東道西器論'이라는 사상을 기반으로 개화를 주장했어. '동도'는 '동양의 도'라는 뜻인데, 조선의 전통적인 도라고 볼 수 있지. 반면 '서기'는 '서양의 도구', 즉 서양의 기술을 의미해. 이 두 개념을 합쳐서 의미를 파악해 보면, 동양의 전통적인 도를 지키면서 서양의 근대적인 기술을 받아들이자는 뜻이야.

그러나 이들은 개화에 조금 더 방점을 찍었어. 미온적인 개화로는 성공하기 어렵다고 생각한 거지. 그래서 개화파들은 나름대로 열심히 공부했어. 1877년 박규수가 세상을 뜨자 그 자리를 오경석이 이어받아 청년 개화파들을 가르쳤어. 오경석이 사망한 다음엔 유대치가 그 역할을 맡았지. 조금 과격했다는 유대치는 개화승 이동인에게 부탁해 일제의 개화사상 책자들을 구해 오도록 했대. 이동인이 일제에 밀항한 때가 1879년 11월이었는데, 이게 개화파가 형성되는 계기였다고 역사학자들은 말해.

## 조선을 바꾸려던 김옥균

개화파의 전신은 '충의계忠義契'라는 비밀결사체야. 이 결사체의 리더 김옥균은 나라를 크게 개혁하려면 평화적인 방법보다 무력에 기대는 것이 더 효과적이라고 생각했어. 무력에 기댄다는 것은 곧 '정변'을 뜻하고, 비밀리에 기획해서 신속하게 실행해야 성공할 수 있지. 그렇다면 김옥균은 과연 어떤 사람이었을까?

살결이 백옥같이 곱고 하얘서 '옥균玉均'이란 이름을 가진 그는 충남 공주에서 근근이 먹고사는 안동 김씨의 후손으로 태어났어. 그런 시골뜨기가 하루아침에 운명이 바뀐 것은 아들이 없던 5촌 당숙 김병기의 양자로 입적되면서야. 김병기는 안동 김씨 세도 정치가의 거물이었어.

한양의 북촌 도련님이 된 김옥균은 1870년 박규수의 문하가 되면서 개화 사상을 접했어. 이때 개화승 이동인과 역관 오경석을 만났고, 지구본이나 망원경 같은 당시 조선에서는 구경조차 할 수 없는 물건들을 보게 돼. 세계지리책인《영환지략瀛環志略》이나《해국도지海國圖志》같은 책도 읽었어.

이후 1872년, 김옥균은 공부도 열심히 해서 조선시대에 실시된 비정규 문과·무과 시험인 '알성시'에서 장원으로 급제해 벼슬길에 나가. 그런데 1876년에 일제와 맺은 불평등 조약인 '강화도 조약'을 보고 분개했어. 개항 등 오로지 일제에 유리한 내용들이 담겨 있었기 때문이야. 이에 김옥균을 비롯한 젊은 개화파들 사이에 자주 독립과 실력 양성, 개혁을 추진할 정치 단체가 필요하다는 공감대가 만들어졌지. 이 공감대를 바탕으로 결성된 게 바로 충의계야.

게다가 김옥균은 후쿠자와 유키치福澤諭吉를 만난 것이 인생의 전

개화파 인물들

환점이었어. 후쿠자와 유키치는 일본 만 엔짜리 지폐에 그려진 인물로, 일본을 대표하는 개화 사상가야. 메이지 유신\* 주역 중 한 명인데, 제국주의의 사상적 토대가 된 사람이지. 김옥균은 1881년 조직된 신사유람단 일원으로 일제로 가서 그를 만나고 그의 집에서 4개월간 머물렀어. 그리고 1882년에 다시 일제에 갔다가 임오군란이 일어났다는 소식을 듣고는 서둘러 귀국해. 대원군이 정권을 되찾으면 자신들이 추구하던 개화는 물 건너가기 때문이었지. 하지만 대원군의 등장은 잠깐의 해프닝으로 그쳐. 민씨 일파의 권력은 유지됐고,

메이지 유신

1868년에 일제가 서구식 근대화를 목표로 추진한 개혁이다. 신분 제도를 없애고 토지 제도를 개혁했으며, 근대식 군대를 설립하고 산업을 발달시켰다. 일제는 이를 통해 아시아에서 가장 먼저 근대화를 이루었다.

당오전 한 개는 상평통보 다섯 개와 가치가 같았다.

개화파의 역할은 오히려 커졌어.

이때 김옥균은 신분제 폐지, 문벌의 철폐, 인재의 공평한 등용, 공개 채용 시험 도입 등 다양한 개혁 조치들을 조정에 건의해. 특히 김옥균은 중전 민씨가 파탄 난 재정을 확충하려고 '당오전當五錢'을 발행하자 크게 반발했어. 경복궁을 복원할 때 발행한 당백전이 선례잖아.

김옥균은 재정 문제를 해결하려고 일제에 자금을 빌리러 갔어. 차관을 도입한다는 말이지. 하지만 독일 출신 통리아문 협판 묄렌도르프와 수구파들은 고종의 위임장이 위조됐다고 주장했고, 일제는 이 주장을 받아들여 차관 제공을 거부했어.

결국 빈손으로 귀국한 김옥균은 나라를 위해 가만히 있어서는 안 되겠다며 자신과 뜻을 같이하는 충의계의 급진개화파 동지들과 함께 '거사'를 계획해.

## 급진개화파, 정변을 일으키다

김옥균의 거사가 바로 삼일천하라고 불리는 '갑신정변甲申政變'이야. 1884년 갑신년에 일으킨 정변이라는 뜻이지. 그렇다면 김옥균은 갑신정변을 일으키기 위해 무엇을 했을까?

일제 차관 도입 실패로 입지가 좁아진 김옥균은 당연히 핵심 자리에서 밀려났고, 동남제도개척사 겸 관포경사東南諸島開拓使 兼 管捕鯨使라는 벼슬을 새로 받았어. 이 긴 이름의 벼슬은 고래를 잡는 직책이야. 씁쓸하지만 김옥균은 이 벼슬을 기꺼이 받아들였어. 고래잡이로 거사 자금을 마련할 수 있다는 희망 때문이었지. 그런데 부임해 보니 고래를 잡기는커녕 고래 잡는 배가 고장이 나 아무것도 할 수 없었어.

다시 절망을 맛본 김옥균과 개화파는 거사를 더는 미룰 수 없었어. 그때가 1884년 봄이었는데, 이 무렵 베트남에서 프랑스와 전쟁 중이라 한반도에서 청군이 절반이나 빠져나갔어. 김옥균은 이걸 기회로 본 거야. 거사 때 있을 청군의 방해를 일제가 제지해 줄 수 있을 것 같은 거지. 김옥균은 일제 공사 다케조에 신이치로竹添進一郎를 만나서 도움을 받기로 했어. 물론 마음을 놓을 수는 없었어. 차관 협상 때 일제의 이중성에 톡톡히 당했었잖아. 김옥균은 며칠 후 동

갑신정변의 주역인 박영효, 서광범, 서재필, 김옥균(왼쪽부터)

지이자 철종의 사위인 박영효를 보내 다시 확인해. 다케조에는 "청나라는 장차 망할 것이니 귀국의 개혁 지사들께서는 이 기회를 절대 놓치지 마라"라고 말했어.

김옥균과 개화파는 거사 준비를 진행했고 9월 17일에 박영효의 집에서 결단을 내렸어. 음력 10월 17일인 12월 4일 저녁 7시, 우정국 郵政局 완공 축하 자리에서 거사를 일으키기로 한 거야. 우정국을 택한 것은 거사 동지인 홍영식이 총판으로 있었고, 개화파 사람들을 공식적으로 초청할 수 있었기 때문이야.

그렇게 시작된 갑신정변은 순식간에 일어났어. 연회가 끝날 무렵, 갑자기 "불이야"라는 외침이 들리자, 미리 짜놓은 각본에 따라 개화파 참석자들은 암호 '천天'을 외쳤어. 이 암호를 계기로 정변의 서막이 올랐지. 계획대로 고종이 순종의 가례를 위해 지은 안동별궁에 불을 질렀어. 그러나 순찰 중이던 순라꾼이 불을 보고는 진압했어. 그러자 개화파들은 옆에 있는 초가에 불을 질렀다고 해. 불을 지른 건 군인들의 시선을 돌려 개화파들이 행동할 수 있는 시간을 벌기 위함이었지.

우정총국 낙성식 자리 배치도

이 소리를 듣고 민영익이 밖으로 뛰어나갔다가 피투성이가 된 채로 들어오더니 푹 쓰러졌어. 개화파 행동대원의 칼에 맞은 거야. 이날

갑신정변이 시작된 우정총국

연회에는 개화파가 꼭 손봐야 할 인사들로 꼽은 사람은 거의 다 왔어. 당연히 개화파 행동대는 이들을 처단했지.

한편 주모자인 김옥균 등은 창덕궁으로 달려갔어. 조선의 최고 통치자인 고종을 앞세워 명분과 정당성이 확보되어야 거사가 성공했다고 할 수 있기 때문이야. 김옥균은 고종에게 온건 개화파와 청군이 난을 일으켰다고 거짓으로 보고하고는 얼른 피신해야 한다고 했어. 고종은 부랴부랴 경우궁으로 발길을 옮겼지. 그런데 중전 민씨가 계속 변고의 자초지종에 대해 의심하는 거야. 고종이 머뭇거리는 사이 또 폭발물이 터졌어. 물론 개화파가 미리 준비한 거지. 김옥균 등 개화파는 놀란 고종을 경우궁으로 피신시키며 그들의 보호 아래 있도록 했어. 거사의 1차 목표는 달성된 셈이었지.

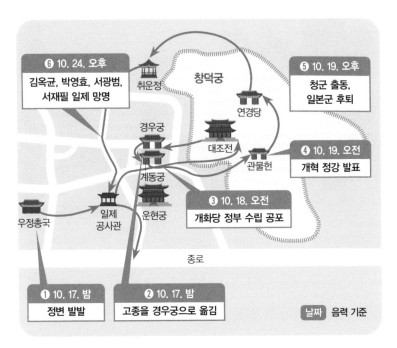

**⑥ 10. 24. 오후**
김옥균, 박영효, 서광범,
서재필 일제 망명

취운정

창덕궁

**⑤ 10. 19. 오후**
청군 출동,
일본군 후퇴

연경당

경우궁

대조전

**④ 10. 19. 오전**
개혁 정강 발표

계동궁

관물헌

**③ 10. 18. 오전**
개화당 정부 수립 공포

우정총국

일제
공사관

운현궁

종로

**❶ 10. 17. 밤**
정변 발발

**❷ 10. 17. 밤**
고종을 경우궁으로 옮김

날짜 음력 기준

갑신정변 전개도

# 삼일천하 갑신정변

고종의 신변을 확보한 김옥균은 이제 공격해 올 수구파와 청군을
제압하면 거사를 성공할 수 있을 거라고 생각했어. 정통성이 있는
왕이 함께 있으니 반대할 자가 없다고 생각했거든. 김옥균은 이런
정당성을 확보하려고 경우궁으로 이동하는 도중에 고종에게서 교
지를 받아 냈어. 교지에는 '일사래위日使來衛', 즉 일제 공사가 와서 임

금을 보호하라는 내용이 적혀 있었어. 청나라군을 제압하기 위해 왕의 명령으로 일본군을 끌어들인다는 것을 공식화한 셈이야. 이때 중전 민씨는 김옥균에게 청나라는 어떻게 할 거냐고 물었어. 김옥균은 청나라에도 사람을 보내겠다고 둘러댔지. 이렇게 해서 일본군이 깊은 밤에 병사를 거느리고 와서 고종을 호위했어. 하지만 의심이 커진 중전 민씨는 창덕궁으로 돌아가자고 난리를 피워.

개화당은 일단 각국 공사와 영사에게 새 정부의 수립을 알렸어. 그리고 고종의 측근과 정변에 반대하지 않은 온건 개화파를 적당히 섞은 인사를 발표해. 탕평으로 보이려고 한 거였지. 김옥균은 세상인심을 의식해 호조 참판을 맡았어. 참판은 판서 아랫자리야. 그리고 중요한 '혁신 정강' 14개 조를 발표했어. 김옥균이 쓴 《갑신일록》에 기록된 내용을 함께 보자.

### 갑신정변의 정령 14개 조 개혁 정강

1. 흥선대원군을 며칠 안에 모셔 오고, 청에 대한 조공, 허례는 의논해서 폐지할 것
2. 문벌을 폐지해서 인민 평등의 권리를 제정하고, 사람에게 관직을 택하게 하고 관직으로써 사람을 택하지 말 것
3. 전국적으로 토지세인 지조법地租法을 개혁해서 관리의 부정을 막고 백성의 어려움을 펴게 하는 동시에 국가 재정을 넉넉하

게 할 것

4. 내시부內侍府를 없애고, 그 가운데 우수한 인재가 있으면 모두 등용할 것

5. 부정한 관리는 처벌할 것

6. 각 도에서 백성에게 봄에 빌려주고 가을에 거두는 곡식인 환곡은 영구히 와환, 즉 갚지 않고 이자만 내게 할 것

7. 규장각을 폐지할 것

8. 신속히 순사를 두어 도둑을 막을 것

9. 혜상공국惠商公局◆을 폐지할 것

10. 갑신정변 전후로 유배간 자와 금고된 자는 다시 심판해 사정을 참작해서 석방할 것

11. 4영營을 합해 하나의 영으로 하고, 영 중에서 장정을 뽑아 근위대를 급히 설치하며 육군대장은 우선 세자궁世子宮으로 추천할 것

12. 국내 재정에 속한 것은 모두 호조가 관할하고, 그 외의 모든 재정 관청은 폐지할 것

13. 대신과 참찬은 매일 합문閤門 안의 의정소議政所에서 회의해서 정령政令을 반포해 시행할 것

14. 의정부와 6조 외에 무릇 불필요한 관청은 모두 혁파하고, 대신과 참찬으로 하여금 참작 협의해서 아뢰도록 할 것

갑신정변에 관해 기록한 우키요에. 개화파와 청나라군이 전투하고 있고 흑립 차림을
한 고종이 홍영식, 김옥균, 박영효와 함께 고민에 빠진 듯한 모습이 담겨 있다.

　인간의 평등, 능력에 따른 인재 등용 그리고 약자와 서민을 위한
정책을 펴겠다는 의지가 확실했어. 완전 혁신이었지. 그런데 거사가
일어나자 지방에 머무르고 있던 청군이 서울로 올라왔어. 중전 민씨
세력들이 몰래 청군에 도움을 요청했던 거야. 12월 5일 오후가 되자
청군 1500명이 창덕궁을 포위하고 일본군과 총격전을 벌였어. 일본
군은 고작 약 300명밖에 없었기 때문에 일제 다케조에 공사는 걱정
하지 말라던 호언장담이 무색하게 철수를 명령해. 이렇게 갑신정변
은 '삼일천하'라는 치욕적인 상징어를 남기고 막을 내렸어.

### 혜상공국

전국의 보부상을 관리하는 중앙 조직으로, 정부는 이를 통해 전국의 소상인을 통제하려고 했
고, 보부상들은 상권을 독점하려고 했다. 1885년 9월 상리국商理局으로 개편되었다.

# 일제로 도망간 김옥균

정변 실패는 주모자들의 향후 행보에도 절대적인 영향을 미쳤어. 성향에 따라 죽임을 당하거나 도망가야만 했지. 홍영식과 박영교는 고종을 호위하다 청나라 군대에 의해 살해됐어. 김옥균, 박영효, 서광범, 서재필 등은 일제 공사관으로 피신해서 머리를 깎거나 양복을 입고 제물포에 정박한 일제 국적의 지토세마루 호千歲丸를 타러 가. 그런데 김옥균 일행이 배를 막 탔을 때 묄렌도르프가 이끄는 추격대가 뒤쫓아 와 개화파 인사들을 내놓으라고 요구해. 다케조에가 응하려고 했지만 선장 쓰지 가쓰자부로辻勝三郎가 이렇게 말하지.

"내가 이 배에 조선 개화당 인사들을 승선시킨 것은 공사의 체면을 존중했기 때문이다. 이분들은 다케조에 신이치로 공사의 말을 믿고 모종의 일을 도모하다가 잘못되어 쫓기는 모양인데, 죽을 줄 뻔히 알면서도 이들더러 배에서 내리라는 것은 도대체 무슨 도리인가? 이 배에 탄 이상 모든 것은 선장인 내 책임이니 인간의 도리로는 도저히 이들을 배에서 내리게 할 수 없다."

선장의 단호한 대응으로 개화파 인사들은 이 배의 화물칸에 숨어서 일제로 망명할 수 있었어. 일제로 건너간 김옥균은 후쿠자와 유키치 집에서 지내다 집을 얻어 망명 생활을 했는데, 조선에서 끊임없이 자객을 보냈어. 생명의 위협을 받은 김옥균은 거처를 자주 옮겼다고 해.

그러다 김옥균은 조선의 문제를 놓고 청나라 리훙장과 담판을 짓겠다며 1894년 2월 프랑스에서 귀국한 유학생 홍종우를 대동하고 상하이로 가. 그런데 3월 28일 외출에서 돌아와 쉬고 있을 때 대동했던 홍종우의 총탄에 쓰러졌어. 그는 조선이 보낸 자객이었던 거야. 일제는 김옥균의 시신을 일제로 보내라고 하지만 청나라는 조선으로 보냈어. 대신 손톱과 발톱을 잘라 일제에게 보내지. 조선 정부는 무덤에서 관을 꺼내, 그 관을 부수고 시신을 참수하는 '부관참시剖棺斬屍'를 해서 잘린 김옥균의 목을 양화진에 매달아 많은 사람이 보도록 했어. 당시 그 모습을 촬영한 사진도 있지. 이 모습에 일제는 모욕감을 느꼈다고 해. 자신들이 지원했던 김옥균을 능멸한 것은 곧 일제를 능멸한 것이라고 생각한 거야.

개화파가 개혁과 개방이라는 국가적 과제를 수행하려고 갑신정변을 일으켰지만 잠깐의 소동으로 끝났어. 그리고 청나라와 일제가 틈만 나면 갈등을 일으키는 가운데 일제는 조용히 조선 식민지화 작업에 나섰어.

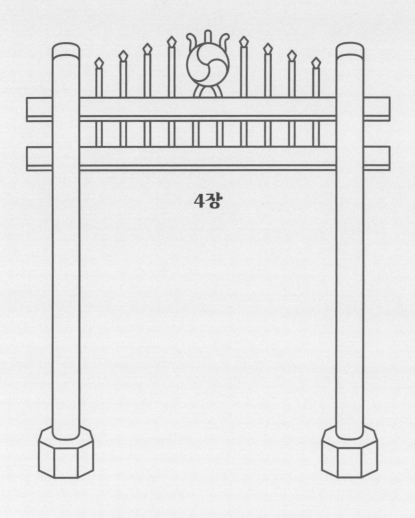

**4장**

# 일제는 언제부터
# 조선을 점령하려고 했을까

## 조선에 드리운 일제의 그림자

한국 근대사는 '대일 항쟁의 역사', 즉 '일제의 조선 강제 점령의 역사'라는 한 문장으로 요약할 수 있어. 이 문제의식은 고종 즉위부터 일제에게서 해방될 때까지의 한국 근대사를 관통하는 날줄이지. 씨줄은 당연히 우리 선조들의 삶일 테고 말이야. 조선이 공식적으로 일제의 식민지가 된 날은 '경술국치일庚戌國恥日'인 1910년 8월 29일이야. 하지만 이 날은 일제의 야욕이 완성된 날일 뿐, 일제는 그보다 훨씬 전부터 호시탐탐 조선을 노리고 있었어.

　본격적인 내용에 들어가기 앞서 용어 하나를 정리하려고 해. 일제의 조선 식민지를 표현할 때 '한일 합방'이라는 표현을 쓰곤 하는데, 이건 사용하지 말아야 해. '합방'의 사전적 의미가 '둘 이상의 나라를 하나로 합침'이야. 두 나라가 서로 대등한 관계일 때 사용할 수 있는 용어지. 그런데 이 용어에서는 강제성을 찾을 수 없어. 그래서 이제 이 용어를 버리고 제대로 된 용어를 사용해야 해. 일제의 숨은 노림수는 물론이거니와 강제로 대한제국의 국권을 병탄했다는 의미까지 모두 드러낼 수 있는 용어인 '한일 강제 병합' 또는 '일제 강점' 같은 표현을 쓰는 게 어떨까 싶어. 이것도 흡족하진 않지만 여기서는 이 용어들을 쓸게.

그렇다면 일제는 조선을 언제부터 본격적으로 노렸던 걸까? 나는 일제의 메이지 유신明治維新 시기라고 생각해. 일본 근대사에서 메이지 유신은 매우 중요하거든. 일제가 모든 분야에서 근대화를 이루는데, 일제의 조선에 대한 인식도 이때부터 달라지기 시작했어. '정한론征韓論', 즉 무력으로 한반도를 정복한다는 사상이 등장한 거야. 메이지 유신 이전에도 정한론이 제기되었지만, 메이지 유신을 계기로 더 구체화되어서 일제가 행동으로 옮기기 시작했어.

메이지 유신이 일어난 1868년, 조선은 일제가 보낸 외교 문서이자 국서인 서계書契 접수를 거부했어. 다른 나라가 보낸 서계를 거부하는 건 외교에서 쉽게 일어나는 일이 아니야. 그런데도 거부한 것은 이 서계에 사용해서는 안 될 표현들이 있었기 때문이야. '대일본大日本'이나 '황상皇上', '조칙詔勅', '조신朝臣' 등 당시 '황皇'이나 '칙勅'은 청나라에서나 쓸 수 있는 표현이었어. 더욱이 나라를 대신해서 지금의 도지사와 비슷한 급인 대마도주가 보내는 것임에도 대마도주 직인

대신 일제 황제의 옥새가 찍혀 있었지. 서계를 황실에서 직접 보내지 않고 왜 대마도주가 대신 보냈을까? 조선이 일제보다 한 단계 낮은 나라라는 의미가 행간에 숨어 있었던 거야.

특히 이때는 대원군이 쇄국 정책을 강하게 펼 때라 일제의 태도에 분노해 서계를 접수하지 않았어. 이 일로 자존심이 구긴 일제는 조선에 대해 강경책을 폈고, 동시에 정한론이 힘을 받았지. 그러다 1873년 대원군이 물러나면서 일제는 조선의 빗장을 풀기 위한 노력을 시작해. 일제는 1853년 미 해군 제독 페리Mathew Calbraith Perry의 함포 사격에 놀라 문호를 열었던 것처럼 조선에 똑같이 시도했어. 해안 탐측 등 갖은 핑계를 대고 조선 앞바다를 들락날락하며 신경을 건드렸지. 1875년 5월에 일제는 더 과감해져서 함포 사격까지 해.

## 무력으로 체결한 강화도 조약

1875년 9월 20일 물을 구한다며 일제의 배 운요호雲揚號가 강화도 초지진에 접근했어. 이를 발견한 조선 수군은 포격을 가했고, 이들은 운요호로 돌아가서 보복 포격을 해. 물을 구하러 간 배를 공격했다는 게 이유였는데, 바로 여기에 함정이 있었어. 조선이 먼저 공격하도록 유도했다는 점이지.

일제는 이때부터 미국의 페리 제독이 했던 것처럼 무력시위를 하

강화도 조약 체결의 빌미가 된 운요호

기 시작했어. 이듬해인 1876년 1월 6일, 이미 부산에 와 있던 군함 두 척에 새로운 군함 여섯 척이 합세했어. 그리고 2월 4일에는 일제 특명 전권 변리 공사이자 육군 중장인 구로다 기요타카黑田淸隆가 군인 300명을 군함에 태워 운요호 사건을 담판 짓겠다며 강화도 초지진에 다시 나타나. 이건 겉으로 내세우는 명분일 뿐이고, 속내는 조선을 강제로 개항시키겠다는 것이었어. 대놓고 정한론을 실천할 수 있으니 말이야.

조선은 병인양요 당시 강화 유수부의 소금 창고를 지켰던 판중추부사 신헌申櫶을 교섭자로 선정했어. 그리고 2월 10일, 신헌은 강화부 연무당에서 일제 대표 구로다와 마주 앉아서 아직까지도 회자되는 유명한 첫 마디를 던져.

"조약을 맺자고 하는데, 대체 조약이라는 게 무엇이오?"

신헌이 정말로 조약이 뭔지 몰라서 물었을까? 일부에서는 조선 정부의 무식함이라고 낮춰 평가하는데, 그건 사실이 아니야. 신헌의 질문에 구로다는 "두 나라가 국제적으로 널리 통용되는 규범에 따라 항구를 열고 무역을 하기 위한 약정"이라고 설명해. 그런데 신헌의 응수를 보면 조약의 뜻을 알면서도 반어법적으로 공격했다는 것을 알 수 있어.

"당신네 나라와 우리는 이미 수백 년 동안 무역해 오지 않았소? 이제 와서 구태여 또 조약을 맺을 필요가 있소?"

시작부터 팽팽한 신경전을 펼쳤으니 쉽게 합의할 순 없었겠지. 일제는 조선더러 사과하고 문호를 열어 조약을 체결하라고 요구했어. 대원군 쪽 사람들과 일부 유생이 반대했지만, 신헌을 따르던 오경석, 개화당 우두머리였던 박규수와 제자 김홍집 등 개화당 인사들은 조약 체결을 주장했지. 여기에다 청나라 북양대신 리훙

조일 수호 조규

장의 권유도 있었어. 그리하여 결국 후자의 의견이 받아들여져서 2월 27일에 조약이 체결돼. 역사는 이 조약을 '조일 수호 조규朝日修好條規'라고 불러. '강화도 조약江華島條約' 또는 '병자수호 조약丙子修好條約'이라고도 하지.

## 행간 속에 숨은 불평등

12개 조로 된 강화도 조약은 불평등 조약이었어. 내용을 요약하면, 일제를 위해 조선의 항구 두 곳을 열고, 일제의 조선 해안 조사를 허용하고, 조선에 사는 일본인들은 조선의 법에 따르지 않는다는 것이었지. 특히 우리가 주목해야 할 조항이 있는데 바로 제1조야.

"조선국은 자주 국가로서 일본국과 평등한 권리를 보유한다."

이 문장을 액면 그대로 읽으면 당연한 말이야. 조선이 자주국이고 일제와 평등하다는 것은 국제법상 개별 국가로서 갖는 당연한 권리지. 하지만 이 조항의 행간에는 상상 이상의 음흉한 의미가 숨어 있었어. 바로 조선을 식민지로 만들기 위해 그토록 조선과 조약을 체결하려고 했던 논리가 들어 있었던 거야.

당시 조선은 청나라에게 큰 영향을 받고 있었어. 중국 땅을 지배

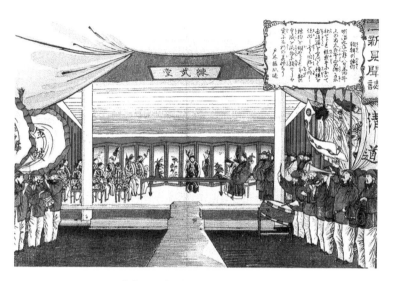

강화도 조약 체결 모습을 그린 그림

했던 나라가 동아시아 세계관의 중심이었거든. 중국 땅에 있는 나라가 황제국, 조선 같은 주변국을 제후국이라 불렀어. 다만 조선은 중국 내에 있던 다른 제후국과 달리 자주적 제후국으로 독립성을 인정받았어. 물론 왕으로 인정받기 위한 책봉과 정기적으로 공물을 받치는 조공을 해야 했지. 이때는 청나라가 사대국이었고, 이 점이 제1조를 해석하기 위한 중요한 단서야.

그래서 조선이 대외 관계에서 무슨 일을 하려면 꼭 청나라에게 물어봐야 했어. 상대국 입장에서는 조선과의 관계 설정이 아니라 궁극적으로 청나라와의 관계 설정이 되는 셈이지. 결국 일제는 청나라에서 조선을 떼어 놔야 했어. 조선이 스스로 무언가를 결정하게 하려는 속셈이었지. 조약문에다 조선을 '자주국'이라고 명시해 놓음으로써 이 문제를 해결하려고 한 거야. 앞으로 일제와의 문제에서 조선의 결정은 청나라의 의사와는 무관하게 효력이 생긴다는 뜻이지.

강화도 조약 체결은 한국 근대사에서 중요한 분기점이 되었어. 부산, 원산, 인천의 항구를 열면서 근대 문물이 들어오기 시작한 거야. 그래서 많은 학자가 한국 근대사의 시점을 1876년으로 설정하기도 해.

그리고 이 조약 체결은 일제에게도 엄청난 의미가 있어. 조선을 강제로 식민지화할 수 있는 공식적인 출발점이라고 해도 틀린 말이 아니거든. 일제는 이때부터 노골적으로 정한론을 실행하기 위한 정책을 하나하나 펼치면서 현해탄을 건너오기 시작했어.

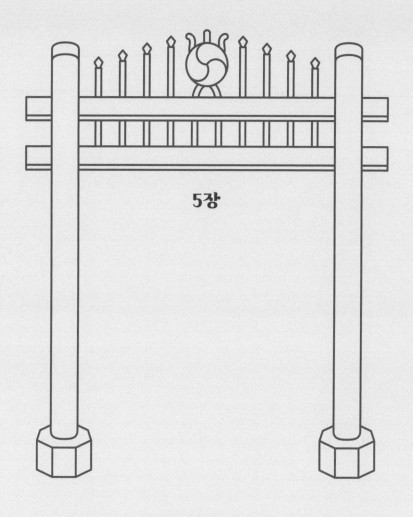

5장

# 동학은 왜
# 일제와 전쟁을 벌였을까

## 동학의 등장

국내외 정세가 엄청난 혼란 속에 있던 이 시기에 '동학東學'이 창시되었어. 서양에서 왔다고 해서 '서학西學'이라 불리는 천주교에 대응하기 위해 만든 민족종교가 동학이야. 1860년, 깨달음을 얻은 경주 최부잣집 친족인 최제우가 '인내천人乃天', 즉 '사람이 곧 하늘'이라는 이념을 기반으로 하는 동학을 창시했어. 나중에 3·1 운동 33인 대표인 3대 교주 손병희가 '천도교'로 이름을 바꿨지.

그런데 당시 막 정권을 잡았던 대원군은 동학이 만들어지자 마자 탄압했어. 세상을 어지럽히고 백성을 속이는 위험한 종교라며 최제우를 1863년 12월에 체포했다가 이듬해 3월에 '삿된 도로 정도를 어지럽혔다는 죄左道亂正之律'라는 명목 하에 처형해.

동학의 창시자 최제우, 2대 교주 최시형, 3대 교주 손병희(왼쪽부터)

  그러자 동학교도들은 억울하게 죽은 최제우의 원한을 풀어 주자
는 '교조 신원 운동敎祖伸寃運動'을 벌였어. 이 운동은 여러 차례 벌어
졌는데, 특히 1893년 2월에는 동학교도들이 광화문에서 '복합상소伏
閣上疏'까지 올렸어. 대궐 문 앞에 엎드려 간곡함과 절실함을 담아 올
리는 상소지. 그런데《대한계년사大韓季年史》에 따르면, 이때 대원군이
복합상소를 올리라고 지시했다고 해. 동학을 탄압했었던 대원군이
손자 준용을 왕으로 추대해서 자신의 권력을 되찾을 요량으로 그렇
게 했다는 거지. 톈진에 유폐됐다가 3년이 지난 1885년에 돌아온 대
원군은 중전 민씨의 기세에 눌려 운현궁에 칩거할 수밖에 없었어. 하
지만 중전 민씨의 치마폭에 있는 고종을 폐위시키면 권력을 되찾을
수 있다는 생각에서 계략을 꾸민 거야. 아들 재면이나 서자 재선을
내세웠다가 실패한 바 있지만, 손자 준용을 내세우는 전략이 뜻대로
만 된다면 권력은 자신의 손안으로 들어올 테니 말이야.

다리가 부러져 교자에 태워진 채 의금부로 압송되는 전봉준

　그런데 대원군과 동학 사이에는 전봉준이 있었어. 몸집이 작고 단단해서 '녹두'라고 불린 그는 서른 살 무렵 인간 평등 교리에 매료되어 동학에 들어갔어. 그러던 전봉준은 1890년 운현궁에 있는 대원군을 찾아가 식객이 되었지. 두 사람 사이의 이해관계가 맞아떨어졌던 거야. 전봉준은 2년 동안 식객 노릇을 하다가 1892년 고향 전북 고부로 돌아가 농사를 지었어. 이런 관계가 있어서 복합상소가 대원군의 사주인 것은 아닌지 의심을 받았던 거지.

　이 소식에 화들짝 놀란 중전 민씨의 척족 정권은 겉으로 이 상소를 받아들이지만 뒤로는 주동자들을 찾아 체포하기 시작했어. 그러자 동학교도들은 신원 운동에 부정적이었던 교주 최시형을 설득해 신앙의 자유를 위한 집회를 열자고 했고, 그리하여 열린 게 '보은 집회'야. 교통이 편리한 보은에서 1893년 3월과 4월에 열렸어. 교조의 신원과 부패 관리 처단 및 종교의 자유를 주장하며, '일제와 서양 세력을 배척해서 의병을 일으킨다'는 '척왜양창의斥倭洋倡義' 기치 아래 시위를 벌였어. 조정은 놀라서 충청감사 조병식을 파면하고 선무사 어윤중을 보내 동학의 요구를 들어주겠다고 해서 해산시켜.

## 횃불을 든 동학도

전남 고부에서 성난 민심에 기름을 끼얹는 일이 일어났어. 탐학 행위로 악명이 자자한 조병갑趙秉甲이 다시 고부군수로 부임한 거야. 그는 농민들을 동원해 멀쩡한 보를 놔두고 새로 '만석보萬石洑'를 쌓았어. 농민들은 농사짓는 데 물이 매우 중요하니까 당연히 함께 힘을 보태 보를 쌓았지. 문제는 보의 물을 사용하려고 하니 물세를 비싸게 매겼고 강제로 돈을 징수했어. 농민들은 무일푼으로 노동했는데 공짜도 아니고 비싸게 그리고 강제로 물세를 걷으니 화가 난 거야. 게다가 조병갑은 자기 아버지의 비석을 세운다며 돈을 뜯어냈어. 이것 외에도 불효죄, 화목하지 않은 죄, 음란한 죄 등 구실을 만들어 죄목을 씌우고 돈을 빼앗았어.

그러자 참다못한 전봉준의 아버지 전창혁이 농민 대표로 조병갑을 찾아가서 농민들의 어려운 사정을 말했어. 조병갑은 듣지도 않고 전창혁에게 곤장형을 내렸지. 그 일로 전창혁은 앓다 죽었어. 상황이 이렇게 전개되자 분노가 극에 달한 전봉준은 1894년 1월 10일, 동

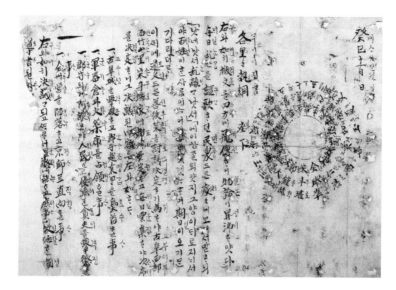

동학 농민군의 거사 계획이 적힌 사발통문

학교도와 농민 등 1000여 명과 함께 고부 관아를 습격하고 만석보를 파괴했어. 제1차 동학 농민 운동의 서막이 올라갔지. 역사는 이를 동학 농민의 '제1차 봉기'라고 불러.

이후 조병갑은 줄행랑을 쳐. 조정에서는 조병갑을 처벌하고 박원명을 새 군수로 임명했고, 지방에서 발생한 민란을 수습하는 임시 벼슬인 안핵사按覈使로 이용태를 파견해. 이용태는 동학 농민군을 위로하면서 탐관오리를 처벌하겠다고 하자 동학 농민군은 이용태의 말을 믿고 해산했어.

하지만 이용태의 본심은 위로보다 처벌이었어. 동학 농민군을 해산시키려고 위로하는 척하고는 뒤로 동학교도들을 동학 비적, 동비

東匪라고 부르며 뿌리를 뽑겠다고 한 거야. 그래서 많은 농민을 동학 교도로 몰아 처벌했어. 그 모습을 본 동학 농민군은 제대로 대응하기로 각오했지.

## 백산에서 다시 일어난 동학 농민군

뒤통수를 세게 얻어맞은 동학 농민들은 체계적으로 조직을 꾸렸어. 전봉준을 총대장, 김개남, 손화중, 차치구를 각 군사의 우두머리인 장령將領으로 삼고, 동학교도와 농민 등 8000명이나 되는 병력을 편성했어. 근거지는 고부의 백산이고, 봉기 목적은 나라의 정치와 사회 제도의 개혁을 위해 나라를 도와 국정을 보살피고 백성을 편안하게 한다는 '보국안민輔國安民'의 동학 사상을 펼치는 것이었어. 이후 3월 하순, 전봉준은 백산에서 4대 강령을 발표했어.

❶ 사람을 죽이지 말고 재물을 해치지 말라
❷ 충효를 온전히 해서 세상을 구제하고 백성을 편안하게 하라
❸ 왜적과 오랑캐를 몰아내고 나라의 거룩한 길을 깨끗하게 하라
❹ 병을 거느리고 서울로 진격해서 권세와 지위가 있는 사람을 없애라

이렇게 백산에서 다시 봉기한 동학 농민군은 태인과 금구를 거

백산성 정상에 집결한
동학 농민군

처 4월 7일 새벽 황토현에서 전라 감영군을 크게 격파했어. 동학 농민군은 그 여세를 몰아 정읍과 흥덕, 고창, 무장, 영광, 함평을 잇달아 점령하고, 장성 황룡촌에서 양호초토사兩湖招討使 홍계훈이 이끄는 800여 명의 서울 군대인 경군京軍과 마주치게 되었지. 그래도 수가 더 많은 동학 농민군이 우위를 차지했어. 동학 농민군은 내친김에 전주로 내달려 4월 27일 전주성까지 점령하자 전봉준은 홍계훈에게 대원군을 복귀시키라는 요구가 담긴 탄원서를 보내. 홍계훈은 거부했지만 전봉준은 다시 밀서를 보내 따졌어.

"태공(대원군)을 받들어 나라를 감독하도록 함은 그 이치가 심히 마땅하거늘, 왜 이를 반역이라고 합니까."

이 일로 동학 농민군에 대원군이라는 외부 세력이 개입돼 있다는 점이 명확해졌지. 이러한 상황이 오히려 관군에게 협상을 가능하게 만들었지만, 사실 관군은 제 역할을 하지 못했어. 감당할 능력이 없는 데다 왕을 지키기에도 버거웠거든. 그러니 동학군도 막을 수 없었지. 중전 민씨는 당황하며 청나라에 구원병을 요청했고 이에 청나라 병력 2800명이 조선으로 들어왔어.

그러자 톈진 조약에 따라 이 상황이 일제에게 자동으로 통보되었고, 일제도 8000명이나 되는 군대를 파병했어. 톈진 조약은 1885년 청나라와 일제가 맺은 조약으로, 조선에서 군대를 철수하되, 한쪽이 조선에 파병할 경우 상대국에게 즉시 알려야 하는 조약이야. 그래서 이렇게 많은 외국 군대가 조선에 들어왔어. 꼭 무슨 일이 일어날 것만 같지.

청나라와 일제의 군사가 조선 땅에 들어오자 동학 농민군은 당황했어. 자신들의 행동이 되레 이 두 나라에게 도움이 되는 행위인 것만 같은 거야. 또 자신들의 기치인 보국안민과도 맞지 않았어. 그래서 동학 농민군은 두 나라에 군사 주둔 빌미를 주지 않으려고 1894년 5월 정부에 휴전을 제의했어. 정부가 이를 받아들여 6월 6일 '전주 화약'을 맺었고, 동학 농민군은 해산했지. 폐정 개혁안의 주요 내용은 동학교도들의 명예 회복과 민씨 척족의 퇴진, 신분상 차별 대우 폐지, 조세 제도 바로잡기, 탐관오리 축출 등이었어.

# 한반도에서 일어난 청일전쟁

조선 땅에 들어온 일본군은 청나라에게 조선의 내정을 함께 개혁하자고 제안했지만 청나라는 거절했어. 자신들이 조선에 대한 기득권이 있는데 굳이 일제와 함께 할 이유가 없기 때문이야. 그러자 7월 23일 '갑오왜란甲午倭亂'이 일어났어. 일본군이 경복궁으로 쳐들어가서 고종을 생포한 거야. 동학 농민군을 막느라 관군 대부분이 지방에 가 있어서 일본군을 막을 수가 없었지. 일제는 민씨 척족 세력을 몰아내고 대원군을 다시 불러냈어. 그리고 김홍집을 앞세워 '친일 내각 정부'를 구성하고, 역사에서 '갑오경장甲午更張'이라 불리는 개혁을 시작했어.

청나라는 친일 내각을 인정하지 않았어. 조선에 대한 자신들의 기득권이 부정되었으니 인정할 수 없었지. 하지만 일제는 개의치 않고 뒤에서 엄청난 음모를 꾸미고 있었어.

1894년 7월 25일 이른 아침, 경기도 안산의 풍도에서 요란한 함포 소리가 울려 퍼졌어. 톈진 항에서 오던 청나라 군함 두 척을 일본군이 선제공격을 한 거야. 광을호는 도망가다 좌초되고, 제원호는 빠져나갔어. 그런데 뒤이어 오던 고승호는 격침되었어. 아산만에서 청군을 싣고 오던 고승호는 청나라가 영국에서 빌린 영국 상선이어서 고승호의 격침은 당연히 국제 문제로까지 번졌지. 이렇게 일제와 청나라 간의 전쟁이 조선 땅에서 시작됐어. 조선을 두고 서로 속국으

침몰하는 고승호

로 삼으려는 것이었지. 결국 이 전쟁으로 피해를 보는 건 조선 국민과 조선 땅이었어.

그런데 일제는 청나라를 공격하면서 그 어떤 선전포고도 하지 않았어. 일단 기습으로 유리한 국면부터 만들려는 속셈이었지. 풍도 공격 사흘 후 일제는 성환 전투에서 대승리를 거두고 평양까지 밀고 올라가. 상황이 절대적으로 유리하게 되자 그제서야 일본군은 청나라에 선전포고를 했어. 당시 일제는 조선에도 선전포고를 해야 하는지 고민했지만 자신들의 편으로 끌어들이려고 하지 않았대.

평양에서 벌어진 청나라와 일제의 전투는 청나라군에게 유리했어. 방어는 공격보다 훨씬 쉽기 때문이야. 그런데도 청나라군은 무기력했어. 세 방향에서 쳐들어오는 일제의 입체적인 공격 앞에 사흘 만에 결국 평양성을 내주지. 이 전투로 일본군은 전쟁의 승기를 잡았어.

청일전쟁을 묘사한 우키요에. 한국에 파견된 오토리 공사가 이끄는 일본군이 대원군과 함께 광화문을 통해 경복궁에 입성하는 장면이다.

결국 청나라는 만주와 뤼순, 웨이하이 등 모든 군사 기지를 일본군 손아귀에 넘겼고, 수도인 베이징까지 위험해졌어. 하지만 일제는 방향을 틀어 베이징 대신 타이완을 점령해. 청나라에 이권을 갖고 있던 유럽의 눈치를 본 거야.

그렇게 절대 약세를 면하지 못한 청나라는 전쟁을 끝내자고 제안했고, 1895년 4월 17일 '시모노세키 조약'을 맺었어. 일제는 이 조약 제1조에 "조선이 완전한 독립국임을 승인한다"라는 내용을 넣지. 이제 일제는 마음대로 조선을 침범할 수 있게 된 거야. 조선 땅에서 청일전쟁을 벌인 이유가 바로 이것 때문이었어.

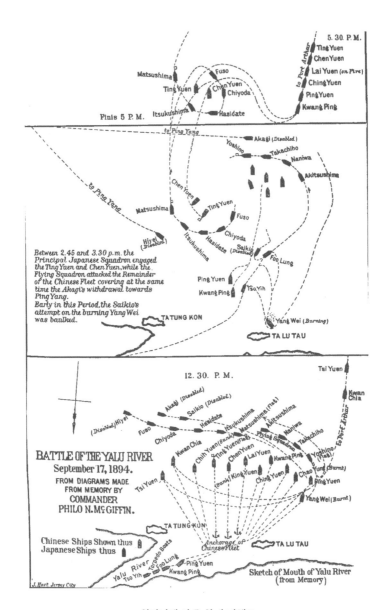

청일전쟁 양국 함대 진행도

시모노세키 조약을 맺는 일제와 청국의 협정 조인식

## 일제에 선전포고한 동학 농민군

청일전쟁의 속내를 조금 더 깊게 들여다보면 청나라와 일제의 전쟁이라는 겉모습 속에 조선의 동학 농민군과 일본군 간의 전쟁이 숨어 있어. 동학 농민군은 청나라와 일제의 군사를 조선에 주둔하지 못하게 하려고 정부군과 전주 화약을 맺었잖아. 폐정 개혁안을 실천하는 한편 질 나쁜 관리와 양반, 지주 등 기득권 세력 타파를 위한 것도 있었지만 말이야. 그런데 외세들이 조선 땅에서 전쟁을 벌이자, 동학 농민군은 이에 맞서 싸우기로 한 거야.

1894년 10월 24일 동학 농민군은 전라도 삼례에서 다시 봉기해.

우금치 전투

이번엔 기득권을 겨냥한 '반봉건'이 아니라 일제를 겨냥한 '반침략'을 구호로 내세웠어. 삼례에서 봉기한 동학 농민군은 20만 명이나 되는 의병을 데리고 서울로 향했어. 전라도 중심의 제1차 봉기 때와는 다르게 충청, 경상, 강원, 경기, 황해도 등지에서 힘을 합쳤어. 너무 많은 의병이 몰려오자 제압 능력이 없던 조선 관군은 일제에 손을 내밀었어. 갑오왜란으로 친일 내각이 들어섰기 때문이야.

이렇게 해서 결국 동학 농민군과 일본군의 전쟁으로 확대되었어. 이 상황을 두고 조선과 일제의 전쟁, 즉 '조일전쟁朝日戰爭'이라고 부르기도 해. 씨줄로는 '청일전쟁'이고, 날줄로는 '조일전쟁'이었지.

조일전쟁의 끝은 '우금치 전투'였어. 공주에서 부여로 넘어가는 우금치 고갯마루를 지키던 일본군에게 동학 농민군이 크게 패하고 말았어. 2만 명이던 동학 농민군이 800명으로 줄 만큼 피해가 심각했어. 상황이 이렇게 전개되자 전봉준은 남은 병력을 수습해 후퇴할 수밖에 없었어. 전봉준은 순창 피노리로 몸을 숨겼지만, 거액의 현상금에 눈이 먼 옛 부하 김경천의 밀고로 붙잡혔어. 김개남도 옛 친구 임병찬의 밀고로 체포되었지. 이 두 걸출한 지도자의 체포는 동학 농민 운동의 실패를 의미했어. 김개남은 전주로 끌려가 재판 없이 처형되었고, 전봉준은 서울로 압송되어 교수형으로 생을 마감하게 되었어.

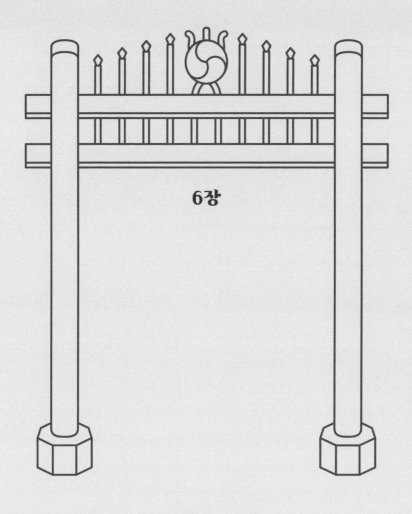

6장

일제는 왜
중전 민씨를 죽였을까

# 살해된 중전 민씨

청일전쟁에서 승리한 일제은 조선을 식민지로 삼기 위한 본격적이고 구체적인 작업을 진행하고 있었어. 그런데 당시 일제에게 가장 눈엣가시 같은 존재는 친청파인 중전 민씨였어. 중전 민씨는 일제에 패배한 청나라를 대신할 세력으로 러시아에 관심을 가지고 있었기 때문이야.

러시아는 시모노세키 조약으로 일제가 차지한 랴오둥 반도를 프랑스, 독일과 함께 청에 되돌려 주게 한 '삼국 간섭'을 주도한 나라야. 만주와 조선으로 남하 정책을 펴려던 러시아로서는 일제가 랴오둥 반도를 차지하는 건 생각하기도 싫은 상황이었겠지. 이때 조선은 일제보다 러시아가 더 강하다는 것을 알게 돼. 그러니 이제 러시아 말고는 기댈 곳이 없다고 생각했어. 그래서 일제는 중전 민씨를 제거하기로 마음을 먹고 '을미사변乙未事變'을 일으킨 거야.

1895년 10월 8일, 경복궁 내에 중전 민씨의 공간이었던 건청궁 옥호루에 있는 서재인 곤녕합으로 일제가 들이닥쳤어. 중전 민씨를 제거하기 위한 '여우 사냥' 작전이 시작되었지.

일제는 작전을 위해 치밀하게 준비했어. 일제 특유의 이중성을 숨기고 선물 공세에 차관을 제공한다는 거짓말로 중전 민씨를 안심시켰어. 이때 일제 공사가 미우라 고로三浦梧樓로 바뀌었어. 중전 민씨 제거의 임무를 부여받은 이 사람은 '염불공사'라는 별명처럼 집 안에 처박혀 불경만 외웠대. 작전을 위한 철저한 위장술이었지. 그런데 대원군도 이 일에 연루되어 있었다고 해. 1895년 8월 19일자《고종실록》을 보면, "일제 사람 오카모토 류노스케岡本柳之助와 함께 공덕리에 가서 대원군을 호위해 대궐로 들어오는데…"라는 대목이

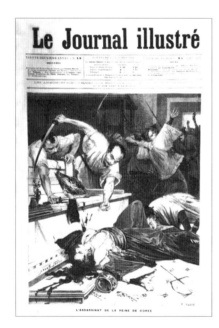

프랑스 주간지《르 주르날 일뤼스트레Le Journal illustré》에서 기사로 다룬 을미사변

나오거든. 하지만 대원군이 며느리까지 죽였을까 하고 의심하는 사람들도 있어.

이러한 과정을 거쳐 작전이 시작됐어. 그런데 중전 민씨가 보이지 않는 거야. 중전 민씨는 이상한 낌새를 알아차리고 궁녀 복장을 하고 숨어 있었어. 일제가 중전 민씨 있는 곳을 대라며 궁녀들의 머리채를 잡아끌며 윽박질렀는데도 궁녀들은 말하지 않았대. 하지만 위장하고 버틴다는 게 한계가 있잖아. 결국 중전 민씨는 발각되었고 칼에 찔려서 목숨을 잃었지. 일제는 증거 인멸을 위해 중전 민씨의 시신에 석유를 뿌려 불을 지르고는 연못에 던졌어.

을미사변은 일제가 조선을 식민지화하는 과정에서 매우 중요한 전환점으로 작용해. 이어서 다루게 될 '아관파천俄館播遷'과 '대한제국 선포'의 배경이 되기 때문이야.

## 고종 구출 작전

을미사변 후 일제는 더 노골적으로 조선을 식민화하려고 덤벼들었어. 특히 중전 민씨를 죽인 대원군이 고종이라고 그냥 두겠냐는 식으로 여론을 호도했어. 일제는 대원군으로부터 고종을 보호한다는 명분을 만든 거지. 고종은 옴짝달싹할 수 없는 상황에 숨이 막혔어.

김홍집 내각은 개혁을 한답시고 1895년 11월 15일 '태양력' 도입과 '단발령'을 발표해. 달이 지구를 한 바퀴 도는 시간인 음력이 아닌, 지구가 태양을 한 바퀴 도는 시간인 양력에 따라 살아야 하는 태양력도 문제지만, 단발령은 정말 큰 문제였어. 위생에 이롭고 작업에 편리하기 때문이라고 하지만, 머리카락을 자른다는 건 그렇게 간단한 문제가 아니었거든. 《효경孝敬》에 "신체발부 수지부모 불감훼상 효지시야身體髮膚 受之父母 不敢毁傷 孝之始也"라는 구절이 있어. 신체나 머리털 등은 부모에게 물려받았으니 훼손하지 않는 것이 효의 시작이라는 뜻이지. 유교 국가에서 '효'는 '충'보다 더 큰 가치가 있어. 그런데 부모에게 물려받은 머리카락을 자르라는 말은 불효를 저지르라는 말과 같은 거야. 그래서 많은 사람이 반발했어. 특히 계유상소를 올렸던 최익현은 "상투를 자르려거든 내 목을 먼저 자르라"라고 일갈하며 거세게 항의했어.

이러한 상황에서 고종은 경복궁에 감금된 거나 마찬가지였어. 고종의 돌파구는 경복궁에서 나오는 수밖에 없었고, 이로 인해 '춘생문 사건春生門 事件'이 일어나.

1895년 11월 28일, 친미파와 친러파, 개화파까지 힘을 합쳐 친일파 손아귀에 있는 고종을 구출해서 미국 공사관으로 데려가려는 작전을 벌였어. 이 일에는 현직 관료인 시종 임최수, 참령 이도철, 을미사변으로 신변의 위협을 느껴 외국 공사관으로 피신해 있던 중전 민씨 우호 세력이자 친러·친미파인 이범진, 이윤용, 이완용, 윤웅렬, 윤치호 등 정동파貞洞派와 언더우드H. G. Underwood, 헐버트H. B. Hulbert, 다

이W. M. Dye, 알렌Horace Newton Allen 등 미국인 선교사와 외교관들 그리고 러시아 공사 카를 베베르Carl Waeber가 참여했어.

이들은 경복궁 동문인 '건춘문'으로 들어가려고 했는데 문을 열 수 없어서 '춘생문'의 담을 넘기로 했어. 하지만 결정적인 순간 변절자가 생겼지. 중추원 의관 안경수가 외부대신 김윤식에게, 친위대장 이진호가 서리 군부대신 어윤중에게 각각 밀고한 거야. 군부대신 어윤중도 현장에 와서 군사들을 설득해 해산시켰지. 결국 주모자 이도철과 군사 수십 명이 체포되고, 이도철은 역모죄로 처형되었어. 이렇게 고종을 궁 밖으로 구출하려던 계획은 미수로 끝나.

고종은 이때 밀지를 보냈다고 해. 배후 조종자인 셈이지. 물론 거사가 실패하자 밀지를 보내지 않았다고 잡아떼지만 말이야. 1900년 서울 장충동에 '장충단獎忠壇'을 세우는데, 을미사변과 춘생문 사건 때 희생된 아홉 명의 혼을 기리기 위해서 세웠다고 해.

그런데 이 사건은 을미사변으로 궁지에 몰린 일제에게는 호기였어. 미국과 러시아 외교관이 개입했다며 자신들과 뭐

장충단비

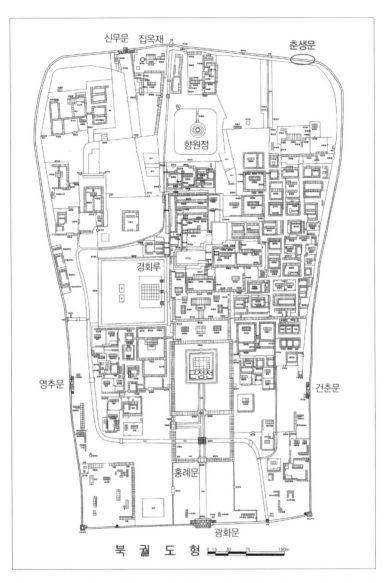

향원정

경회루

영추문  건춘문

근정전

흥례문

광화문

북 궐 도 형  0 15  30  75  150m

《북궐도형》에 그려진 경복궁 도면. 춘생문은 현재 경복궁의 북동쪽 신무문 밖의 후
원 동쪽의 문이었으나 지금은 사라졌다.

가 다르냐고 항변했던 거야. 결국 서구 외교관들의 운신 폭을 제한하게 되었어.

춘생문 사건으로 탈출 계획이 수포가 되었지만, 가만히 있을 고종이 아니었어. 당시 춘생문 사건 때문에 해외로 탈출했던 이범진李範晉이 비밀리에 귀국해서 다시 계획을 세웠어. 그리고 이완용과 러시아 공사 베베르, 고종의 이종사촌 심상훈, 김옥균을 암살한 홍종우 등과 이후 마지막 황태자인 영친왕 이은을 낳은 중전 엄씨 등이 뜻을 모았어. 특히 고종의 총애를 받던 엄 상궁은 대원군과 친일파가 고종 폐위 음모를 꾸민다며 왕실을 러시아 공사관으로 옮겨 안위를 도모하라고 고종을 설득했다고 해.

때마침 단발령을 계기로 전국에서 의병이 들불처럼 일어났는데, 지방의 진위대鎭衛隊로는 진압이 불가능했어. 결국 중앙 친위대親衛隊까지 내려갔고 이 일로 궁의 경비에 틈이 생긴 것을 고종은 기회로 삼았어.


## 러시아 공사관으로 피신한 고종

고종은 경복궁에서 나갈 때 임금의 가마가 들키지 않고 바깥으로 나가는 방법을 찾아야만 했어. 왕이 탄 임금의 가마가 움직이는 건 들킬 수밖에 없잖아. 그래서 엄 상궁은 궁녀 가마에 고종을 태웠어.

경복궁 문을 지키는 군사는 관례로 궁녀 가마를 검문하지 않았거든. 그래서 궁녀 가마 두 대에 각각 고종과 세자를 태워 경복궁 건춘문을 빠져나갔어. 1896년 2월 11일 새벽 6시에 고종은 궁녀 복장까지 하고 무사히 러시아 공사관으로 이동해. 역사에서는 이를 러시아의 한자식 표기 아라사俄羅斯의 앞글자 '아'를 따서 고종의 피신을 '아관파천俄館播遷'이라고 부르지.

러시아 공사관에 둥지를 튼 고종은 일제의 감시가 없으니 자유롭게 정사를 볼 수 있었어. 러시아 공사관에서 고종이 가장 먼저 한 일은 을미사변을 일으킨 '을미사적乙未四賊', 총리대신 김홍집을 비롯한 내무대신 유길준, 농상공부대신 정병하, 군부대신 조희연을 잡아 죽이는 것이었어. 김홍집, 어윤중, 정병하는 피살됐고, 조희연은 일제로 망명해. 이렇게 온건개화파도 몰락하게 됐어.

러시아 공사관에서의 고종의 정치는 거침없었어. '역적 무리가 나라를 농간'한 조치를 제자리로 돌려놓는다는 명분으로 조세 탕감 지시를 내리고, 친일 김홍집 내각을 무너뜨리고 이범진, 이완용, 윤치호 등 친러파를 중심으로 내각을 꾸렸어. 단발령은 강제가 아닌 각자 편한 대로 하라고 물러섰지. 조선 대신들이 러시아 공사관에서 일을 보느라 러시아 공사관은 경복궁이나 다름없었어. 고종은 베베르 공사의 적극 주선으로 니콜라이 2세Nicholas II 러시아 황제와도 친분을 쌓았어. 대관식 때 민영환을 파견하기까지 할 정도였다고 해.

러시아가 아무런 대가 없이 고종을 도운 건 아니야. 러시아는 함

고종이 피신한 러시아 공사관

경도 경원과 경성 일대 광산 채굴권, 압록강과 울릉도의 삼림 벌채
권을 가져갔어. 러시아를 본 미국, 프랑스, 독일, 영국 같은 나라도
이권을 요구했지. 미국은 경인철도 및 한성전차 부설권과 평안도 운
산 금광 채굴권, 프랑스는 경의철도 부설권, 독일은 강원도 당현 금
광 채굴권, 영국은 은산 금광 채굴권을 각각 가져갔어. 일제는 경부
철도 부설권과 직산 금광 채굴권을 차지했지.

　고종은 러시아 공사관에서 1년 남짓 있다가 1897년 2월 20일 지
금의 덕수궁인 경운궁慶運宮으로 돌아왔어. 1896년 개화파들을 중심
으로 설립된 독립협회 등의 단체와 전국 유생들의 강력한 환궁 상소
운동이 있었거든. 결국 고종은 이들의 건의를 받아들여 환궁을 결심

해. 경복궁 대신 경운궁을 택한 것은 미국과 러시아 공사관이 가까이 있어서 일제의 감시에서 벗어날 수 있기 때문이야.

일제에게 아관파천은 최악이었어. 신속하게 식민지화를 진행하려 했는데, 러시아라는 호랑이를 만나 계획에 차질을 빚었던 거야. 청나라처럼 전쟁으로 제압할 수도 있었겠지만 시기상조라고 생각했어. 그리고 러시아와의 무력 대결을 아예 포기한 건 아니어서 나중의 숙제로 미루어 놓되 대신 힘을 기르기로 다짐한 거야. 이후 일제는 실제로 1904년부터 1905년 사이에 러시아와 전쟁을 치르게 돼.

현대의 학자들은 아관파천을 어떻게 평가할까? 어떤 학자는 그래도 한 나라의 군주가 경복궁을 놔두고 일개 외국 공사관으로 피신한 것은 옳지 못하다고 비판하는가 하면, 어떤 학자는 불가피한 선택이었다고 주장하기도 해. 결론을 먼저 말하자면 아관파천은 훗날 엄청난 태풍이 되어 조선에 큰 영향을 주었어.

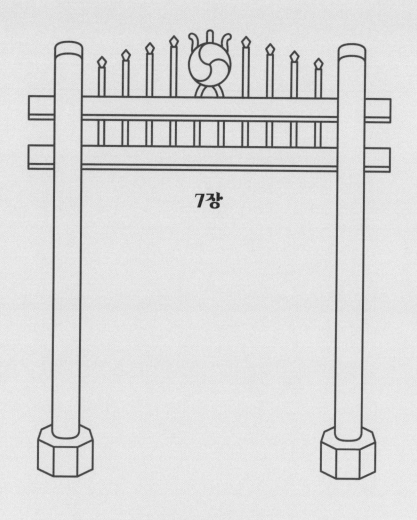

7장

# 독립협회는
# 왜 제국을 선포하라고 했을까

## 미국인 서재필

러시아 공사관에 피신해 있던 고종에게 강력하게 환궁을 요청했던 세력인 독립협회를 말하려면 먼저 서재필에 관해 알아야 해. 서재필은 독립협회의 대표적인 인물이지. 갑신정변 얘기할 때 이름이 언급됐던 그는 독립협회를 이해하기 위한 열쇠같은 사람이야.

서재필은 어려운 집안에서 태어났지만 어려서 7촌인 서광하의 양자로 들어가면서 신분이 바뀌었어. 양아버지는 벼슬을 하고 있었고, 양어머니 친정은 나는 새도 떨어뜨린다는 세도가 안동 김씨 집안이었거든. 특히 서재필은 양어머니 동생인 이조참판 김성근 집에 기거했는데, 이게 그의 운명을 결정짓는 결정타였어. 그 집에 출입하던 김옥균과 서광범을 알게 되었기 때문이야. 그리고 과거를 보고 벼슬

서재필

에 나갔다가 다시 김옥균과 서광범을 만난 서재필은 김옥균이 만든 충의계에 가입해.

이후 서재필은 김옥균의 권유로 일제에서 군사 교육을 받고 군사 전문가가 되어 조선에 사관학교를 만들기도 했어. 갑신정변 때는 행동대장으로 사관생도들을 지휘해 고종 경호 임무를 맡았지. 하지만 갑신정변의 실패는 그의 인생에 또 다른 전환점이 되었어. 일제의 도쿄로 도망쳤다가 미국으로 건너가서 철저하게 미국인으로 살게 되었기 때문이야. 의대를 졸업하고 의사가 되었지만 인종 차별 때문에 병원 경영은 신통치 않았대.

그런데 상하이에서 김옥균이 암살당했지만 김홍집 내각은 개화파 복권에 나서서 박영효를 중용했다는 소식을 듣게 된 거야. 개화파에 대한 적개심이 없다는 신호였지. 1895년 법무대신 서광범이 서재필도 복권해서 작위를 회복시켰어. 그를 외부 협판과 학부대신 서리로 임명하지. 결국 서재필은 귀국선을 탈 수밖에 없었어. 자진 귀국이 아니라 조선 정부의 공식 요청에 응한 거야.

조선에 들어오자 서재필은 자기가 미국인이어서 관직을 맡을 수 없고, 대신 중추원 고문직만 하겠다고 했어. 그런데 그는 오로지 영어로만 대화했대. 서재필의 미국인 행세는 고종 알현 때도 여지없었어. 고종에게 절은커녕 고개를 빳빳이 쳐들고 악수했다고 해. 이름도 '서재필' 대신 '필립 제이슨Philip Jaisohn'을 썼어.

그럼 조선은 왜 서재필을 특급 대우했을까? 아마도 그가 조선에서 몇 안 되는 신문 제작 기술을 가지고 있었기 때문일 거야. 유길준이 일제 측에서 발간하는 《한성신보》에 대항하고 민중 계몽이 가능한 신문을 만들 수 있는 사람이 서재필이었거든. 이때 자주 만나던 미국 유학파 윤치호가 서재필에게 정동구락부 인사들을 소개해 주었지. 정동구락부는 서울 정동에 있던 주한 외교관과 조선 고관들의 사교·친목 단체야. 민영환·윤치호·이상재·이완용, 미국 공사 실, 프랑스 영사 플랑시, 선교사 언더우드·아펜젤러 등이 멤버였어. 이들은 서재필의 신문 창간과 제작의 후원자 역할을 했어.

## 최초의 순한글 신문

유길준과 서재필의 공통분모는 '민중 계몽'이었고, 그 수단은 '신문'이었어. 서로 의견이 맞아떨어지면 하고자 하는 일에 가속도가 붙기 마련이지. 《독립신문》 창간 작업도 본격적으로 시작됐어.

그런데 창간을 앞두고 아관파천이 일어나서 김홍집 내각은 붕괴

《독립신문》 창간호

했고, 유길준은 일제로 망명했어. 신문 창간을 지원할 세력이 없어
진 거야. 하지만 서재필은 걱정하지 않았어. 새로 들어선 친러파 박
정양 내각도 신문의 필요성을 절감하고 있었거든. 서재필은 박영효
와 함께 박정양을 찾아가서 신문 창간에 필요한 자금을 지원해 달
라고 부탁했어. 노력의 결과는 헛되지 않았지. 1895년 봄, 국고에서

3000원을 지원하는 한편 서재필에게 정착 지원금 1400원을 추가로 주었어.

자금 확보로 날개를 단 서재필은 1896년 4월 7일, 드디어《독립신문》을 창간했어. 모두 4면으로 3면은 서재필과 주시경이 쓴 한글판, 나머지 하나는 헐버트가 쓴 영문판이야.《독립신문》창간호 사설 한 구절 정도는 원문으로 읽어 봐야겠지.

> "정부에서 하시는 일을 백성에게 전할 터이요, 백성의 정세를 정부에 전할 터이니, 만일 백성이 정부 일을 자세히 알고, 정부에서 백성의 일을 자세히 아시면, 피차에 유익한 일만 있을 터이요, 불평한 마음과 의심하는 생각이 없어질 터이옴."

이 사설에서 보듯《독립신문》은 정부의 일을 백성들에게 알리고, 백성의 여론을 정부에 전달하는 정부와 백성 간의 다리 역할을 했어. 그래서《독립신문》창간은 한국 근대사에 큰 의미가 있어. 신문 가격을 낮춰 더 많은 사람이 읽을 수 있도록 함으로써 민중 계몽의 효과를 높였고 누구나 읽을 수 있게끔 '언문'으로 썼기 때문이야. 언문은 한글을 낮춰 부르는 말인데, 당시만 해도 여전히 한자가 우위에 있어서 한글을 언문이라고 불렀대. 한글로 신문을 만드는 것은 쉬운 일이 아니었는데, 한글 표준어와 방언, 발음에 정통한 국문학자 주시경의 역할이 컸어. 그가 한글판 편집을 맡았거든.

이렇게 나름 고민해서 탄생한 《독립신문》은 한국 근대의 여론 형성에 크나큰 영향을 미쳤어. 특히 그 무렵 권력의 핵심 세력인 구미인들의 사교 친목 단체인 친미파 등의 전폭적인 지원 아래 발행됐다는 점에서 권력의 무게중심이 살짝 미국으로 기울기도 했어.

## 독립협회의 창설

《독립신문》을 창간한 서재필은 이제 '독립협회' 결성에 적극적으로 나섰어. 그는 조선이 청나라에서 벗어나기 위해 독립협회를 결성하려 했어. 청나라와는 '사대주의'로 설명되는 조공 관계였지만 청일전쟁의 결과물인 시모노세키 조약 제1조에서 한반도를 독립국이라고 명시하잖아. 청나라와의 사대 관계는 형식적으로 청산된 거야. 하지만 실질적으로는 여전히 마음 깊이 사대주의가 남아 있었어.

서재필은 몸에 밴 사대까지 털어 버려야 진정한 독립국이 된다고 생각했어. 문제는 조상 대대로 이어 오던 사대가 하루아침에 물에 씻기듯 사라지지 않는다는 거였지. 그래서 사대 정신을 없애기 위한 계몽 활동을 펼칠 수 있는 민간 단체의 필요성이 생긴 거야. 서재필이 미국에서 보고 듣고 배운 결과, 그게 가장 효과적이었던 거지.

민주주의가 발달한 미국에서는 정부가 국민의 의견을 수렴해서 정책을 펼쳐. 의견을 내는 건 국민의 자유와 권리니까. 그런데 조선

독립협회 회원들

은 민주주의가 무엇인지조차 몰라서 국민 개인이 목소리를 내는 것은 상상도 못 했어. 그래서 서재필은 개인보다 단체가 유리하다고 생각해 독립협회를 결성하기로 한 거야. 마침 윤치호, 이상재, 유길준 등도 뜻을 같이했어.

독립협회 결성 작업은 순풍에 돛 단 듯 진척을 보였어. 1896년 7월 2일, 마침내 독립협회 창립 총회가 광화문에서 열렸지. 서재필을 비롯한 안경수, 이완용, 이상재 등이 모여 독립협회를 공식 결성했어. 회장에 안경수, 위원장에 이완용, 위원에 이상재 등 8명을 선임했고, 실질적 주도자인 서재필은 미국인이라는 이유로 임원을 맡지 않고 고문이 되었지.

독립협회는 독립문 건립과 독립공원 조성을 첫 번째 사업 목표로 정했어. 특히 독립문 건립은 서재필이 강력히 주장했는데, 프랑스 개

영은문 자리에 세워진 독립문의 현재 모습

선문 같은 상징물을 세워 자연스럽게 청나라에서 벗어났다는 것을 보여주고 싶었던 거야. 그래서 서재필은 독립문을 서울 서대문에 있는 영은문迎恩門 자리에 세우기로 했어. 영은문은 청나라 사신을 영접하던 모화관慕華館 앞에 있던 정문이야. 이 문은 사대 사상의 상징물이었는데 사대 정신에서 독립한다는 의미가 있었던 거지. 서재필이 독립문에 얼마나 공을 들였는지는 1896년 7월 4일 자《독립신문》에 직접 쓴 논평을 보면 알 수 있어.

"조선 독립된 것을 세계에 광고도 하며, 또 조선 후생들에게도 이때에 조선이 분명하게 독립된 것을 전하자는 표적이 있어야 할 터이요."

독립협회는 곧바로 독립문 건립에 착수했고, 건립을 위한 성금도 모았어. 서재필이 구상한 스케치를 바탕으로 우크라이나 출신 건축가 세레딘사바틴Afanasii Ivanovych Seredin-Sabatin이 설계를, 대한제국 건축가 심의석이 시공 감독을 맡아 건립했어. 1896년 11월 21일 공사에 착수해 1897년 11월 20일에 완공되는데, 높이 14.28미터, 폭 11.48미터이고, 화강암 약 1850개가 사용되었다고 해. 현판 바로 아래는 대한제국 황실 상징 문양인 오얏꽃으로 장식했고, 현판 글씨는 독립운동가 김가진이 썼다고 하는데, 이완용이 썼다는 주장도 있어.

## 조선에서 대한제국으로

러시아 공사관에서 환궁하라고 강력하게 건의했던 독립협회는 고종이 경운궁으로 돌아오자 이번에는 '칭제건원稱帝建元'을 주장했어. 칭제稱帝는 황제라 부르는 것이고, 건원建元은 원호元號, 즉 연호를 세운다는 뜻이야. 결국 고종더러 황제가 되라는 요청이지.

느닷없을 수 있지만 이유가 있었어. 청일전쟁으로 군신 관계에 있던 청나라와 조공 책봉 관계가 없어지기도 했거니와, 러시아나 일제 같은 주변국들이 하나같이 왕을 황제로 칭하고 있었거든. 이런 상황에서 조선만 왕조 국가로 있으면 이 나라들과 대등하지 않아서 조선의 위상을 높일 필요가 있었던 거야. 조선의 자주성을 높이는 길이기도 했어.

반대 의견도 만만치 않았어. 아직도 조선은 심리적으로 청나라와 군신 관계이므로 정세가 조금 변했다고 해서 의리를 저버리면 안 된다는 게 이유였지. 하지만 독립협회는 이 문제에 적극적으로 나섰어. 윤치호 등 일부가 반대하기는 했어도 대다수 인사들은 찬성했거든.

이런 설왕설래 속에서 찬성파가 더 많음을 확인한 고종은 이 건의를 뿌리칠 수 없었어. 하지만 왕이 스스로 황제가 된다는 것은 유교 예법에 어긋나잖아. 그래서 고종은 건원, 즉 연호를 먼저 제정했어. 1897년 8월 16일, 그동안 써오던 연호 '건양'을 '광무光武'로 바꿨어. 그러자 칭제에 대한 요청이 빗발쳤어. 이에 고종은 여러 차례 사양하다 받아들이며 황제 선포식 준비를 하라고 지시해. 의식 장소인 원구단圜丘壇부터 만들었어. 환구단이라고도 부르는데, 하늘에 제사 지내기 위해 쌓은 둥근 단을 말해.

1897년 10월 12일, 고종은 황제즉위식을 치르고 황제가 되었어. 국호는 '대한제국', 국기는 '태극기', 국가는 '애국가', 국장은 '이화문

李花紋'으로 했어. 미국 신문 《뉴욕타임스》가 "왕은 금일로 자신을 황제로 선포함, 1897년 10월 15일"이란 제목의 기사로 칭제 사실을 보도하기도 했지.

대한제국을 선포하고 황제가 된 고종 황제

여기서 국호 '대한'에 대해 간단하게 알아볼게. 대한은 지금 대한민국도 사용하는 '대한'이야. 고종은 조선 왕조의 영토를 '고려가 마한馬韓·진한辰韓·변한弁韓의 땅을 통합한 것'을 바탕으로 했고, 고구려·백제·신라를 통틀어서 '삼한'이라 불렀던 데서 삼한을 모두 아우르는 '큰 한韓'이란 의미인 '대한'으로 정했다고 했어. 당시 주변국들은 조선이 아닌 '한韓'으로 부르기도 해서 친숙한 이름을 쓰는 것이 좋기도 했지.

대한제국이 선포되자 국제적인 승인이 잇따랐어. 러시아와 프랑스는 국가원수가 직접 승인했고, 영국, 미국, 독일도 간접적으로 승인

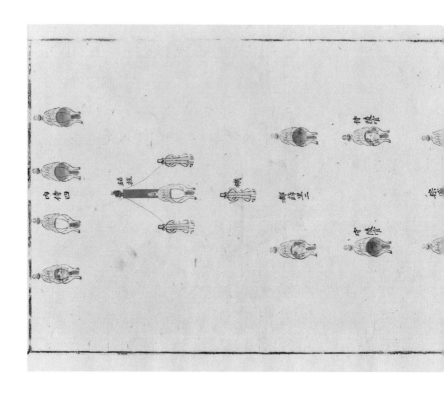

했지. 그렇다고 세계 모든 나라가 대한제국에 호의적인 것은 아니었
어. 여러 나라에서는 달가워하지 않았다고 해.

  이렇게 황제가 된 고종이 가장 먼저 한 일은 부인인 중전 민씨의
국장國葬을 치르는 일이었어. 아마도 고종의 마음속엔 천추의 한으
로 남아 있었을 거야. 비명횡사한 부인의 장례도 못 치를 만큼 위상
이 말이 아니었으니까. 그래서 11월 12일 '명성황후'로 추존된 중전
민씨의 장례를 치렀어.

명성황후의 국장

일제가 강력하게 추진하던 조선의 식민지화 작업은 다소 잠잠해졌어. 그래서 일제는 러시아에게 앙심을 품고 칼을 갈았지. 일제가 꿈틀거리기 시작한 거야.

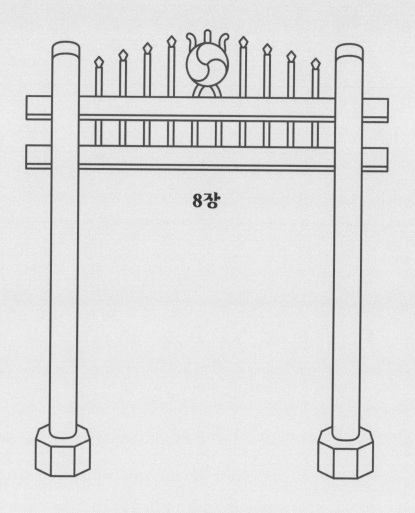

8장

# 만민 공동회는
# 왜 열렸을까

# 대한제국을 탐낸 러시아

일제는 청일전쟁에서 이기면 대한제국을 쉽게 식민지로 만들 줄 알았는데, 상황은 전혀 달랐어. 호랑이인 청나라를 피하니 사자인 러시아가 나타난 거야. 아관파천으로 러시아가 조선의 후견국처럼 된거지.

그런데 국제 관계는 철저히 이익에 따라 행동하는 관계잖아. 자국에 이익이 없으면 절대로 도와주지 않지. 러시아 역시 마찬가지였어. 1898년 1월 21일, 러시아가 부산에 군함을 정박시키더니 해군을 지금의 영도인 절영도에 상륙시켰어. 그리고 석탄 저장소인 저탄소貯炭所를 설치한다며 절영도를 요구했고 한·러은행도 설치하겠다고 나섰어.

미국의 운산 금광 채굴

상황이 이상하게 흐르기 시작했어. 러시아가 대한제국을 식민지로 삼을 것만 같았지. 대한제국을 둘러싼 이권 다툼은 러시아를 포함해서 일제, 미국, 영국, 독일, 프랑스 등 열강들은 다 달려들었어. 특히 미국은 평안북도 운산의 금광 채굴권을 가져갔지.

러시아의 야욕이 노골적으로 드러나자 대한제국은 가만히 손 놓고 있을 수 없었어. 독립협회를 중심으로 한 서재필이나 윤치호 같은 사람들이 나섰어. 《독립신문》이나 독립협회를 통해 계몽 운동을 펴왔지만, 이것으로 부족해서 특별한 방법을 찾아야만 했던 거야. 특별한 방법은 바로 '구국 정치 운동'이었어. 때마침 고종 황제는 러시아의 부산 절영도 조차지 요구를 받아들이려 하고 있었거든. 이러다간 절영도가 러시아 손에 넘어갈 상황이 되자 서재필이 나서서 반대하는 상소를 올리자고 제안해. 이에 독립협회 회원들이 모여 치열한 토론회를 열었고 1898년 2월 21일, 이상재와 이건호 등 135명이 독립관에 모여 서명한 상소문을 올렸지.《대한계년사》에 실린 상소문 일부를 읽어 보자.

"나라의 나라 됨에는 두 가지가 있으니, 자립해서 타국에 의지하지 아니하고, 자수(自修, 스스로 닦다)하여 한 나라의 정치를 행하는 것입니다. 그런데 자립에서는 재정권과 병권·인사권을 스스로 갖지 못하고, 자수에서는 제도와 법도가 행해지지 않고 있으니, 국가가 이미 국가가 아닌 즉, 바라건대, 안으로는 정식 제도를 실천하고 밖으로는 타국에 의지함이 없게 해서 우리의 황제권을 세우고 국권을 확립하소서."

## 최초의 민중 대회

"오늘 오후 두 시에 종로에서 유명한 유지각한 이들이 좋은 연설을 한다고 뜻있는 군자들을 청하였다더라."

1898년 3월 10일 치《독립신문》에 실린 기사를 유심히 보면 '유지각有知覺'이라는 단어가 있어. 한자어인데 해석하면 '앎과 깨달음이 있다'는 뜻으로 '지성인'이라고 생각하면 될 것 같아. 그러니 저 기사는 유명한 지성인이 연설을 하니 뜻있는 민중은 와서 들으라는 것이지. 당시 대한제국의 사회적 분위기로 보아 이런 광고는 민주주의의 대표적인 실천 모습인 '토론'을 하겠다는 것이어서 파격적이었어.

이런 토론이 가능했던 것은 독립협회를 실질적으로 이끄는 서재필의 역할이 컸어. 미국에서 민주주의를 배우고 실천했던 서재필은 토론을 매우 중요하게 생각했다고 해. 그가 아펜젤러Henry Gerhard Appenzeller 목사의 요청으로 1896년 배재학당에서 강의한 적이 있는데, 이때 토론회를 열게 했대. 그런데 처음에는 호응이 신통치 않았나 봐. 하지만 실개천이 강을 만든다고 하잖아. 그 영향은 매우 컸지.

이때 배재학당 학생들이 중심이 되어 결성한 대중 계몽 학생 운동 단체 '협성회'가 있었어. 협성회는 토론회를 자주 열었다고 해. 오죽하면 "주시경은 한글 연구하러, 이승만은 정치하러 배재 다닌다"라는 말이 돌았을 정도였으니까.

《독립신문》에 실린 이 연설회는 서재필을 비롯해 이완용, 윤치호 등 독립협회 간부들이 비밀리에 준비했어. 토론 주제는 '러시아인 재정과 군사 고문의 철수' 문제였지. 그리고 주최자들은 뒤로 숨는 대신 이승만, 홍종우, 조한우 등 협성회 회원들이 있는 배재학당이나 경성학당의 젊은 교사와 학생들을 연사로 내세웠어.

연사들이 옷감 파는 상점인 백목전白木廛 다락을 연단 삼아 올라가 사자후를 토해 냈어. 연설도 압권이었겠지만, 주최 측이 놀란 것은 군중이 1만 명이나 모였기 때문이야. 당시 서울의 인구가 17만 명이었던 것을 생각하면 엄청나지. 사람들이 '만민 공동회萬民共同會'

만민 공동회의
민중 대회

라고 부르는 이 모임에서 쌀장수 현덕호를 회장으로 뽑았어. 이는
민중의 참여로 이루어진 모임이라는 상징성이 있지.

## 다시 미국으로 간 서재필

제1차 만민 공동회의 결과에 대만족한 서재필은 우리 민중들의 관
심과 참여가 이렇게나 클 줄 몰랐던 터라 흥분했어. 자질이 뛰어난
우리 민족은 교육만 제대로 받으면 어떤 민족에게도 뒤떨어지지 않
는다며 의기양양했지.

그런데 이날 집회의 목적, 즉 러시아 이권 개입 문제는 어떻게 됐
을까. 러시아는 군사와 재정 고문 철수는 물론 한·러은행 설치 계획
도 철폐했어. 우리 민족의 저력이 뭔지를 확실하게 보여준 이 첫 민

중 대회는 이렇게 우리 역사의 한 페이지를 화려하게 장식해.

만민 공동회의 성공 개최는 민중들에게 신선한 충격을 주며 다양하게 선한 영향력을 행사했어. 우선 주최한 독립협회에 회원 가입이 엄청나게 늘었어. 또 이틀 후에는 첫 집회가 열린 그 자리에서 민중들의 자발적인 만민 공동회가 다시 열렸어.

하지만 대한제국 정부는 만민 공동회의 성공적인 개최를 불편해했어. 만민 공동회가 정부 비판이 목적인 데다, 러시아가 정책을 포기할 정도의 영향력을 끼쳤으니 불편하지 않으면 오히려 그게 이상하지. 독립협회와 만민 공동회는 대한제국 정부에게 눈엣가시였어.

하지만 만민 공동회는 행보를 멈추지 않았어. 토론회 직후 독립협회는 정부의 횡포를 규탄하고 항의하는 편지를 보내. 그런데 이게 고종 황제의 심기를 건드리게 된 거야. 고종 황제는 "마음가짐이 음란하고 바르지 않고 민심을 부추겨 현혹하게 한다"라는 죄명을 씌워 이원긍과 지석영 등 독립협회 회원 4명을 구금하라는 특명을 내렸어. 고종 황제의 불편한 심기는 이것으로 끝나지 않았어. 중추원 고문이었던 서재필을 해고하고는 아예 이 땅을 떠나라고 요구했어.

이런 고종 황제의 몽니 부리기에 가만있을 독립협회가 아니었어. 독립협회는 4월 30일 서재필 출국을 반대하는 만민 공동회를 열었어. 회장 윤치호의 동의 없이 이승만이 이 대회를 주도했지. 하지만 이런 만류에도 불구하고 서재필은 냉정하게 뒤도 돌아보지 않고 용산에서 배를 타고 미국으로 떠났어.

서재필의 출국은 국가 재정으로 설립했지만 서재필 개인에 대한 의존도가 높았던 《독립신문》의 운명에도 영향을 미쳤어. 《독립신문》은 자칫 일제에 팔릴 뻔하다가 윤치호가 인수하면서 겨우 유지되었어.

한편 만민 공동회로 대한제국에서 영향력이 축소된 러시아는 대한제국 대신 일제와 전략적 제휴 관계를 맺어 돌파구를 찾으려 했어. 그것이 바로 '니시-로젠 협정Nishi-Rosen Agreement'이야. 일제 외상 니시 도쿠지로西德二郎와 러시아 공사 로젠Roman Romanovich Rosen이 1898년 4월 25일에 새롭게 맺은 러일 협정이지.

러일 협정의 주요 내용은, 러시아와 일제는 한국의 주권 및 완전한 독립을 확인하고, 내정에 직접 간섭하지 않고, 한국이 일제 혹은 러시아에 도움을 구하면 군사 교관 혹은 재정 고문관의 임명은 상호 협상 없이는 어떠한 조치도 취하지 않으며, 한일 양국 간에 상업상 및 공업상 관계 발달을 방해하지 않는다는 거였어. 결국 러시아가 일제에 권력의 주도권을 넘겨주면서 일제의 한반도 지배권을 강화해 준 꼴이지.


## 독립협회를 막으려던 황국협회

이 무렵 '황국협회皇國協會'라는 단체가 설립돼. "나라의 문명을 부강하게 하는 도리로 황실을 존중하고 군주에게 충성하는 큰 뜻을 밝

한다"라는 의도로 설립되었어. 황국협회는 1898년 6월 30일, 궁정 수구파를 중심으로 60명의 보부상이 급하게 만든 단체야. 계속 커가는 독립협회를 두고만 볼 수 없었기 때문에 독립협회에 맞서는 단체로 조직했던 거지.

회장은 법부 민사국장 이기동이 맡았고, 황실에서 하사한 1000원을 협회 비용으로 사용했어. 황국협회는 이기동 말고도 고영조, 홍종우, 길영수 등이 중심이었는데, 세간에서는 이기동, 홍종우, 길영수 세 사람의 이름에서 한 자씩 따서 '홍길동'이라고 부르기도 했대.

한편 황국협회 설립 직후 독립협회는 의회를 설립하려고 했어. 그래서 1898년 7월 3일, 독립협회의 윤치호 등 여럿이 모여 고종에게 의회를 설립하라는 상소를 올렸어. 이 상소는 그동안 한문으로만 쓰던 관례에서 벗어나 국문을 함께 썼는데, 최초의 국한문 혼용 상소문인 셈이지. 고종은 "분수를 벗어나서 경거망동하지 말라"라는 경고를 보내며 거절했어.

독립협회와 정부 사이에서 의회 설립을 둘러싸고 이런 공방이 오가자 황국협회도 가만있을 수 없었는지 '하원'을 설립하자고 주장해. 독립협회는 엘리트 중심의 상원을 중심으로 의원을 설립하지만 황국협회는 서민과 대중을 중심으로 하는 하원을 설립하겠다는 카드를 낸 거야. 의회주의에 대한 진정성보다는 독립협회의 활동을 방해하려는 어깃장 놓기였어.

그러자 독립협회는 1898년 10월 1일부터 12일까지, 무려 12일 동안 종로에서 철야 집회를 하겠다며 제2차 만민 공동회를 하겠다고 선언했어. 제2차 만민 공동회의 목적은 분명했지. 범죄자의 친족에게도 연대 책임을 지우는 '연좌법'과 중범죄인 아들에게 사형을 내리는 '나륙법'을 다시 부활하게 하려는 수구 친러 정부의 퇴진을 요구하기 위해서였어. 집회는 첫날 중추원 문 앞에서 시작해 고등재판소, 경운궁 인화문 등으로 돌아가며 밤새 열렸지만 장기간의 밤샘에도 민중들의 호응이 열렬했어. 고종 황제도 연속된 만민 공동회의 위력을 무시할 수 없어서 10월 10일에 이들의 요구를 들어주며 신기선 등 일곱 대신을 파면해. 그리고 독립협회가 신임하는 박정양을 정부 수반으로 하는 개혁 정부를 출범시켰어. 이를 본 미국 공사 알렌은 본국에 "평화 혁명peaceful revolution"이라고 보고했대.

이때 황국협회는 정부에 '민선의원 설립을 위한 건백서建白書'를 냈는데, 국민의 수준이 아직 유치하다는 이유로 거부돼. 민선의원은 일반 국민이 선거를 통해 뽑은 의원이라는 뜻이야. 그러자 황국협회는 기다렸다는 듯 박정양 정부 수반의 집으로 몰려가 독립협회와 차별 대우한다며 항의했어.

이 소동이 겉으로는 독립협회 손만 들어주지 말고 황국협회 손도 들어달라는 식의 형평성을 요구하는 것이었지만, 속으로는 정부와 황국협회가 짜고 벌이는 거였어. 그렇게 해서 나온 정부 조치가 독립협회는 토론할 때 정치 문제를 주제로 삼지 말고, 집회 장소는 독립관으로 하되 2차 집회 금지하라는 것이었지.

독립협회는 이 조치에 강하게 반발했어. 조직에서 정하지 않은 장소에서 집회를 열어 칙령 위반에 대한 처벌을 받겠다는 의도로 경무청 문 앞에서 항의 농성을 벌이기까지 해. 그때 독립협회의 입장은 한 명이 죽으면 열 명이 그 뒤를 잇고 열 명이 죽으면 백 명, 천 명이 그 뒤를 잇겠다며 결기에 가득 차 있었어. 고종은 결국 10월 25일에 독립협회의 요구사항인 '언론 자유'는 물론 의회 설립안도 받아들였어. 그러자 독립협회의 항의 농성도 일단락돼.

## 강제로 해산된 독립협회

두 번의 만민 공동회 개최로 자신들의 주장을 관철했던 독립협회는 10월 28일부터 29일까지 종로에서 제3차 만민 공동회를 개최했어. 이번 만민 공동회에는 박정양 총리대신을 비롯한 대신 여럿이 참석해서 '관'과 '민'이 함께 하는 '관민 공동회官民共同會'로 확대되었다는 게 특징이야.

주최 측인 독립협회도 관이 함께 하는 자리인 만큼 황실에 대한 불경한 언어 사용을 금지했어. 또 사회 관습을 논의하는 것 대신 국가 정책만 논의하는 등 네 가지 주의사항을 결의하며 세심하게 배려했지. 이날 집회에는 백정 출신으로 새뮤얼 무어에게서 세례를 받은 곤담골교회(훗날 승동교회) 신자 박성춘이 연단에 올라 눈길을 끌었어. 이 일은 백정도 국민 자격이 있다는 것을 천명한 셈이어서 상당히 의미가 컸지. 그리고 개혁안으로 '헌의 6조'를 채택했어.

❶ 외국인에게 의지하지 말고 관민이 한마음으로 힘을 합해서 전제 황권을 견고하게 할 것
❷ 외국과의 이권에 관한 계약과 조약은 각 대신과 중추원 의장이 합동 날인해서 시행할 것
❸ 국가 재정은 탁지부에서 전관하고, 예산과 결산을 국민에게 공표할 것
❹ 중대 범죄를 공판하되, 피고의 인권을 존중할 것
❺ 칙임관을 임명할 때는 정부에 그 뜻을 물어서 중의에 따를 것
❻ 정해진 규정을 실천할 것

고종은 이 건의를 받아들여 중추원의 새로운 관제를 발표했어. 대한민국 최초 의회 설립안이야. 하지만 순검들의 방해로 선거를 치르지도 못했고, 결국 익명서 조작 사건이 일어나 물거품이 되지. 그런데 1898년 4월 11일 밤 서울 거리에 익명의 벽보가 나붙었어. 내용은 독립협회가 고종을 몰아내고 공화국을 세워 박정양이 대통령, 윤치호가 부통령, 이상재가 내부대신, 정교가 외부대신을 맡는다는 내용이 적혀 있었어. 사실 이 사건은 조병식 등 조정 대신들이 독립협회를 모함하기 위해 꾸민 계략이었어. 이 일로 독립협회 간부 17명이

독립협회의 모임 장소로 이용하던 독립관

체포되었지. 만민 공동회는 이에 항의해 밤낮으로 계속 열렸어. 결국 10월 17일에 고종 황제가 백기를 들며 체포자들을 석방하고 일을 꾸민 자들을 인사이동시켰지. 그런데도 만민 공동회는 중단하지 않고 계속됐어.

그러자 11월 14일 수구파가 보부상을 동원해 만민 공동회를 없앨 준비를 했어. 21일 새벽, 2000명의 보부상들이 홍종우와 길영수의 지휘로 17일째 맞는 만민 공동회를 습격해. 이승만이 나서서 동요하지 말라는 연설을 했고 학생들이 동조해 참여하기 시작하면서 순식간에 농성자가 2배로 늘었어.

이러는 가운데 11월 22일 신기료 장수인 김덕구라는 독립협회 회원이 몽둥이에 맞아 죽었어. 이 일을 계기로 고종 황제는 만민 공동회 측 인사들을 기용하는 한편 황국협회를 혁파하겠다는 칙유를 내려. 추운 날 비와 안개를 맞으며 꼬박 21일을 투쟁한 결과였어.

그런데 이번에는 보부상이 반발해. 정부는 전국에 있는 보부상들에게 서울에 오지 말라는 훈령을 내렸어. 이에 보부상들은 의병을 일으키자고 주장했고, 11월 25일 보부상들이 다시 만민 공동회를 습격했어. 그러자 고종은 만민 공동회의 요구 조건을 수락하면서 "앞으로 국내 문명 진보에 관한 일만 토론할 것이며, 정부의 조치에 대한 말참견을 불허한다"라는 조건을 달아 해산하라고 명령했고 보부상들에게도 해산을 요청해서 이들도 해산해.

하지만 정부가 약속 이행을 미루고 또 보부상들이 독립협회 간부들을 암살하려 한다는 소문이 돌자 독립협회는 가만있을 수 없었어. 12월 6일 박영효 주동으로 만민 공동회가 다시 열렸어. 고종은 12월 23일 군대를 동원해서 만민 공동회를 강제 해산하는 한편, 12월 25일 조칙으로 만민 공동회를 불법화시켰어. 그리고 12월 31일 독립협회도 해산돼.

독립협회가 주관하고 국민의 자발적 참여에 기반하는 민중 운동이었던 만민 공동회는 우리의 역사 속에 쉬지 않고 흐르고 있어. 박근혜 대통령의 탄핵을 끌어낸 '촛불혁명'의 원조로까지 이야기될 만큼 만민 공동회는 한국 근대사의 한 페이지를 확실하게 장식하고 있지.

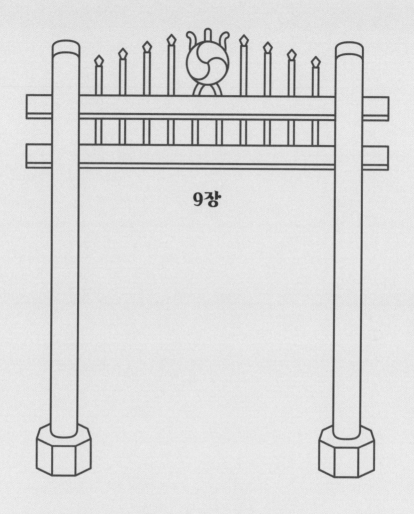

9장

# 러일전쟁은 왜
# 한반도에서 일어났을까

## 기회를 노리던 러시아

독립협회가 해산된 이 시기에 대한제국 바깥에서는 한국 근대사에 한 획을 그은 중요한 전쟁인 '러일전쟁'이 일어나. 이 전쟁은 대한제국의 운명을 결정지었지. 러일전쟁이 왜 발생했는지 그 배경부터 살펴보자.

일제가 러시아에 유감을 갖게 된 것은 청일전쟁 직후부터야. 청일전쟁 당시에 맺은 시모노세키 조약으로 일제는 청나라에게 랴오둥 반도와 타이완을 할양받기로 했잖아. 그런데 러시아 입장에서는 랴오둥 반도가 일제 수중에 들어가면 전략상 패착이었어. 그곳엔 얼지 않는 항구, 즉 부동항인 뤼순항이 있었기 때문이야. 여름에만 사용하는 러시아의 부동항 블라디보스토크와 비교도 할 수 없는 좋은

러일전쟁의 성격을 상징적으로 묘사한 삽화

항구였어. 그래서 러시아는 독일 및 프랑스와 협력해서 '삼국 간섭'을 일으켜 랴오둥 반도를 청나라에 되돌려 주게 해. 그러니 일제로서는 분할 수밖에 없었지. 물론 일제는 그때 러시아와 전쟁을 해서라도 랴오둥 반도를 지키고 싶었겠지만, 군사 대국 러시아를 감당할 능력이 없었어. 그런데 러시아가 한반도에 대한 영향력을 점점 키우기 시작한 거야. 일제로서는 이러다 한반도 식민지화가 러시아 때문에 물 건너갈 수도 있겠다 싶었겠지.

러시아와 일제가 대한제국을 둘러싸고 으르렁거렸어. 이런 상황에서 일제는 1902년 영국과 '영일 동맹'을 맺었어. 러시아와 일전을 위한 사전 대비인 셈이야. 러일전쟁 중 러시아와 동맹을 맺는 나라가 있으면 영국이 일제의 편으로 참전하겠다는 동맹이었어. 그러면서 일제는 1903년 8월 러시아와 협상을 벌이지. 일제는 러시아의 만주 주도권을 인정할 테니 일제의 한반도 주도권을 인정해달라고 러시아에게 요청했어. 38도선을 기준으로 양분해 북은 러시아, 남은 일제가 영향력을 행사하자고 했거든. 러시아는 이 제안을 거절하고 대신 39도선을 제시했지만 협상은 결국 결렬되었어.

상황이 이렇게 전개되며 러일전쟁의 전운이 감돌자 고종 황제가 1904년 1월 21일 새로운 카드인 중립화를 선언했어. 이후 영국, 프랑스, 독일 등의 공사들이 '접수'를 통보했는데 고종 황제는 '독립 불가침'을 승인받은 것으로 오판했어. 이 나라들은 접수했을 뿐 승인한 게 아니었거든.

이 상황에서 영국 공사 조던J. N. Jordan은 "러일전쟁이 벌어지면 먼저 서울을 점령하는 나라가 대한제국을 지배하게 된다"라며 찬물을 끼얹었는데, 나중에 그의 예견은 들어맞았어. 게다가 이 시기에 전쟁 가능성이 커지고 있었지. 당장 전쟁이 일어나도 전혀 이상하지 않을 만큼 소문도 파다했어. 이런 가운데 1904년 1월 26일 러시아 니콜라이 2세 황제가 알렉세예프Evgenil Ivanovich Alekseev 극동총독에게 친필 서명이 든 전문을 보내. 절대로 먼저 공격하지 말고 일제가 먼저 전쟁을 시작하도록 하고, 일본군이 동해나 남해안으로 상륙하는 것은 모른 체하되, 서해안으로 오면 무조건 공격하라는 명령이었어.

# 일제의 기습공격

일제와 러시아 간의 긴장이 극에 달한 2월 8일, 니콜라이 2세가 전문을 보낸 지 보름도 지나기 전에 일제의 연합함대는 뤼순항에 정박해 있던 러시아 함대를 선제공격했어. 전쟁이 시작된 거지. 이날 일제의 어뢰 공격으로 러시아 전함 2척과 순항함 1척이 파괴되었어. 제물포항에서 뤼순항으로 가던 러시아 군함 2척도 기습 공격을 받았는데, 열세에도 끝까지 투항하지 않고 방어했대. 만신창이가 다 된 군함일지라도 일본군에게 선체를 넘겨줄 수 없다는 생각 때문에 이 군함들은 결국 제물포항으로 퇴각해 자폭해서 침몰했지. 이들은 지금도 러시아에 전설로 남아 해군의 영웅들로 추앙받는다고 해.

일제는 청일전쟁처럼 선전포고하지 않고 공격했어. 선전포고는 첫 기습 이후 이틀이 지난 2월 10일이 되어서야 했지. 그런데 누가 보더라도 이 전쟁은 러시아가 이길 줄 알았어. 군사력은 물론이고 병력 등 모든 면에서 일제보다 앞섰거든. 이러한 힘의 불균형을 알았던 러시아는 당연히 일제를 얕잡아 봤어.

하지만 전쟁 양상은 예상을 빗나갔어. 러시아가 맥을 못 추는 거야. 일제는 청일전쟁 직후 있었던 삼국 간섭에서 느꼈던 모욕을 잊지 않고 십 년간 칼을 갈았거든. 청나라에서 받은 배상금으로 무기를 구입하고 프랑스나 독일에서 군사 기술을 배웠던 거야. 게다가 일제는 적을 알고 나를 알면 백 번 싸워도 위태롭지 않다는 손자병

러시아 함대를 격침시키는 일제 전함

법을 철저히 지켰지. 일제는 이 전쟁을 위해 러시아인보다 더 러시아의 정보를 많이 확보했어. 준비된 자와 준비되지 않은 자의 싸움은 당연히 준비된 쪽이 이길 수밖에 없었지.

러일전쟁의 주요 전장은 만주 남부인 랴오둥 반도와 한반도 근해였어. 그러다 보니 한반도는 일제의 전쟁 수행에 필요한 병참기지 역할을 해야 했어. 무기는 물론이거니와 인적 물적 자원을 징발해 갔지.

사실 이 전쟁에서 일제의 핵심 목표는 뤼순항이었어. 그때가 겨울 막바지였는데 블라디보스토크항이 부동항이라고는 하지만 불편해서 러시아 함대들이 뤼순항에 정박하고 있었거든. 뤼순항은 유럽에

일제가 노렸던 뤼순항의 현재 모습

서 활동하는 발트함대가 돌아오는 기지항이자 임무를 수행하기 위해 출발하는 항이었어. 일제는 뤼순항을 무력화하면 러시아 해군은 힘을 못 쓸 거라고 생각한 거야. 그리고 랴오둥 반도는 청일전쟁의 승리로 차지한 일제의 땅이잖아. 그런데 러시아가 주동이 되어 청나라에 반환한 상징성이 있는 곳이었어.

그러면서 일제는 한반도의 식민지화 작업을 구체화하는 일도 빠뜨리지 않을 만큼 치밀했어. 러일전쟁 발발 2주 남짓 후인 2월 23일, 이른바 '한일 의정서'를 체결한 거야. 내용은 한반도의 영토 보존을 보증하는 데 필요하다면 일제가 조치를 취할 수 있고, 전략상 필요한 지점은 일제가 수시로 사용할 수 있다는 것이었어.

# 일제에게 진 러시아

일제는 이 전쟁을 빨리 끝내기를 원했어. 반면 러시아는 늦게 끝나기를 바랐지. 왜냐하면 일제와 러시아의 전쟁 소식을 듣고 유럽에서 뤼순항으로 돌아오는 러시아 발트함대를 의식해서야. 일제는 발트함대가 가세하기 전에 전쟁을 끝내는 것이 유리하고, 러시아는 버티고 버텨 발트함대가 합세해야 하는 절박함이 있었던 거지.

일제의 기습 전략은 처음에는 그런대로 먹혔지만, 군사 대국 러시아의 저력은 무시할 수 없었어. 뤼순에서 사력을 다해 공격해도 러시아가 무너지지 않자 일제는 육군을 보내 양동 작전에 돌입했어. 바다에서는 해군, 육지에서는 육군이 에워싸고, 그 가운데 러시아군을 넣어 공격하는 전술이었지만 낡은 무기로 러시아의 최첨단 무기를 당해내기엔 무리였어.

그러자 일제는 새로운 전략을 구사해. 우선 뤼순항을 내려다볼 수 있는 전망 좋은 고지부터 점령했어. 그리고 거기서 뤼순항에 정박해 있는 러시아 함대의 위치 정보를 뽑아 후방에 있는 포대에 넘겨주고, 포대는 그 정보에 따라 러시아 함대를 공격했어. 나름대로 성과가 있어서 1905년 1월 2일에 일제는 드디어 뤼순을 점령했어. 러시아에 뤼순 전투의 패배가 얼마나 큰 충격이었으면 레닌Vladimir Ilyich Lenin이 "뤼순의 항복은 차르 체제 항복의 서막이었다"라고 했을까.

전쟁의 저울추는 일제 쪽으로 기울었어. 이는 일제에게는 여러 가

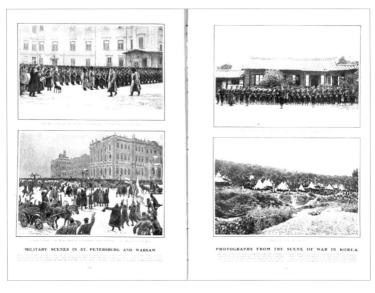

미국의 정치 잡지 《하퍼스 위클리Harper's Weekly》에 실린 러일전쟁 당시 압록강 주변에 포진하고 있는 일제 부대

지로 유리했지. 일제가 이길 것이라는 예측이 돌자, 일제가 국채를 발행하면 쉽게 팔려 나가는 등 전쟁 자금 조달이 쉬웠어.

이러한 상황에서 러일전쟁의 승패를 결정짓는 전투가 시작됐어. 지금의 선양 위치에서 벌어진 펑톈奉天 전투였지. 이 전투에서 일제가 승리했지만 일제나 러시아 모두 더 이상 전투를 할 수 없을 정도로 엄청난 피해를 보았어. 모든 걸 쏟아부은 치열한 전투였지. 이 전투의 패배로 전의까지 상실한 러시아에게 '피의 일요일' 사건이 일어나면서 러시아는 안팎으로 큰 시련을 겪게 돼.

1905년 1월 22일 일요일, 배고픔을 참다못한 노동자들이 교회 대

1905년 러시아의 피의 일요일 사건을 묘사한 그림. 〈1905년 피의 일요일Bloody Sunday in 1905〉, 보치에흐 코작Wojciech Kossak

신 겨울 궁전으로 니콜라이 2세 황제를 찾아갔어. 손에 차르 니콜라이 2세의 초상화와 기독교 성화상, 노동자들의 요구를 적은 청원서를 들고 비폭력 시위를 벌였어. 노동자의 법적 보호와 전세가 기운 러일전쟁의 중지를 요구했지. 그런데 시위대가 예상보다 더 늘어났어. 20만 명이나 모인 시위대에 당황한 공권력은 이들을 막아야만 했던 거야. 차르가 군대를 동원해 막는 과정에서 발포로 인해 시위대 4000명이 죽었어. 한국의 5·18 광주 민주화 운동 당시 전두환 군부의 공수부대가 저지른 학살 같은 일이 벌어진 거야. 이날 시위는 황제가 헌법 제정과 의회의 창설 등을 약속함으로써 일단락됐는데, 역사는 이 일을 '제1차 러시아 혁명'이라고 불러. 1917년, 제1차 세계대전에 참전한 러시아군의 무능함과 식량 부족에 허덕이던 민중이

다시 봉기해 '제2차 러시아 혁명'이 일어나면서 차르 체제는 붕괴하고 러시아는 사회주의 국가인 소련이 돼.

'피의 일요일 사건'은 러일전쟁을 치르고 있는 러시아에게 결정적인 영향을 미쳤어. 이 사건 이후 1905년 5월 27일, 러일전쟁의 마침표를 찍은 동해해전(쓰시마해전)이 대한해협 앞바다에서 일어나면서 러일전쟁은 러시아의 패배로 끝났지. 이 전쟁에서 패배한 러시아는 완전히 전의를 상실하고 미국 루스벨트 대통령에게 강화 회담을 주선해 달라고 요청해. 일종의 항복 의사를 표시한 거야.

## 치밀한 일제의 식민지화

1905년 8월 10일부터 일제 고무라小村壽太郎 외상과 러시아 세르게이 비테Sergei Yulyevich Witte 재무장관이 미국 군항도시 포츠머스에서 마주 앉았어. 루스벨트 대통령Franklin D. Roosevelt의 중재로 전후 처리 문제를 협상하기 위해서였지. 협상의 내용은 러시아가 만주와 조선에서 철수하고, 남부 사할린을 일제에 할양하되, 전쟁배상금은 지불하지 않는다는 것이었어. 그런데 조약 체결 사실이 알려지자 일제에서는 난리가 난 거야. 그동안 아끼면서 궁핍을 견뎠는데 배상금 한 푼 못 받는다는 현실은 가혹하다고 생각했던 거지. 일제 내에서는 폭동까지 일어나기도 했어.

러시아와 일제가 진행한 포츠머스 회담

반면 러시아는 선방한 셈이야. 애초 일제는 북부 사할린을 러시아에 돌려주는 대신 12억 엔의 배상금을 요구했거든. 하지만 니콜라이 2세는 "1코페이카kopeika의 돈도, 1인치의 땅도 줄 수 없다"라고 하며 일제의 요구를 거부했어. 다만 이 포츠머스 조약은 일제가 한반도 식민지화를 더욱 공고하게 하는 디딤돌 역할을 했다는 것이 중요해. 조약 제2조에 관련된 내용이 나와.

"러시아 제국은 일본 제국이 조선에서 정치·군사·경제적인 우월권이 있음을 승인하고, 또 조선에 대해 지도·보호·감독에 필요한 조치를 취할 수 있음을 승인한다."

러시아가 대한제국의 권리를 일제에 주다니 어이가 없지. 러일전쟁 이야기를 끝내기 전에 이와 같은 문제가 또 있어서 짚고 넘어가야 할 것 같아. 바로 독도 문제야. 1904년 8월, 러일전쟁의 마지막 전투라고 할 수 있는 동해해전을 위해 일제가 울릉도와 독도에 망루를 설치하려고 했어. 러시아 군함을 감시하려는 용도였지. 일제 내각은 1905년 2월 22일 독도에 '다케시마竹島'라는 이름을 붙이고는 시네마 현 소속으로 편입시켜. 망루는 그해 8월에 독도, 9월엔 울릉도에 세워. 이건 독도가 일제의 땅이 아니라는 중요한 단서야. 일제의 땅이라면 바로 설치하면 되는데 굳이 시네마 현을 담당으로 정하고 고시를 발표했다는 건 독도가 대한제국의 땅, 한국의 땅이라는 것을 뜻해. 이러한 역사적 사실을 알아야 독도가 우리 땅이라는 것을 명확하게 주장할 수 있어.

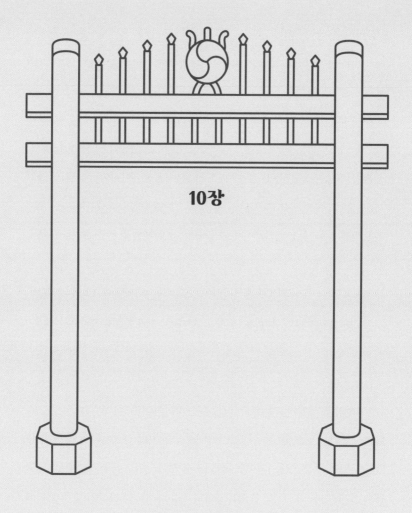

10장

# 대한제국은
# 어떻게 국권을 빼앗겼을까

# 일제의 눈속임

지금부터는 우리의 가장 아프고 치욕적인 '일제의 한반도 강제 점령 과정'을 이야기하려고 해. 청일전쟁 이후 일제가 조선에 '자주국'이라 는 그럴듯한 지위를 주면서 어떻게 대한제국을 식민지화했는지 살 펴보자.

러일전쟁이 일어난 직후인 1904년 2월 23일 일제는 대한제국과 한일의정서 조약을 체결해. 러일전쟁 참전을 핑계로 한반도에 군대 를 들어오게 하고, 필요한 거점을 마음껏 사용할 수 있게 한 거야. 한반도 식민지화 작업에 필요한 군사력 배치를 하겠다는 뜻으로 두 마리 토끼를 동시에 잡겠다는 전략이지.

일제는 러시아와 전쟁하던 8월 22일에 대한제국과 '제1차 한일 협약'을 체결했어. 이 협약은 '외국인 고문 용빙에 관한 협정서'라고도 불리는데, 용빙傭聘은 사람을 쓰려고 맞이한다는 뜻이야. 대한제국 외부대신 서리 윤치호와 일제 특명 전권 공사 하야시 곤스케林權助가 서명한 이 협정은 일본인으로 재정 고문을, 일제가 추천하는 외국인으로 외교 고문을 두어 이들의 의견을 물어 업무를 하라는 것, 한마디로 대한제국의 관리 자리에 외국인을 앉혀 '고문' 정치를 하겠다는 거야. 고문 정치는 정치 자문을 하겠다는 건데, 자문하겠다는 의미를 실제로 자문하는 것으로 받아들이면 안 돼. 다른 나라들의 눈을 고려해서 자문으로 위장한 거야.

이러는 사이 일제가 러시아와의 전쟁에서 대승을 거두었어. 그러자 한반도에 눈독을 들이던 세력들이 일제의 힘을 보고는 일제와 힘을 합쳐. 대표적인 것으로는 1905년 7월 29일, 미국이 일제와 체결한 '가쓰라-테프트 밀약'이야. 조약이 아닌 밀약인 이유는 비밀리에 체결되었기 때문이지. 이 밀약은 1924년에 알려지게 되었거든. 내용을 보면 미국의 필리핀 지배권과 일제의 대한제국 지배권을 서로 인정한다는 조약이었어.

일제는 곧바로 8월 12일 영국과 '제2차 영일 동맹'을 맺어. 일제의 대한제국 보호권을 확인하고 영국의 인도 지배를 인정하는 내용이야. 9월 6일에 체결된 러일전쟁의 전후 강화 조약인 포츠머스 조약도 일제의 한반도에 대한 우월권과 감독권을 인정하는 내용이었잖아.

미국은 필리핀을 손아귀에 넣는 대신 대한제국을 일제에게 양보

'가쓰라-태프트 협약'을 맺은 가쓰라 타로(왼쪽)와 윌리엄 하워드 태프트

했는데, 사실 미국은 1882년에 체결한 '조미 통상 수호 조약'에 따라 다른 나라가 공정하지 않게 경시하고 모욕하는 일이 있으면 서로 도와야 했어. 일제의 지배력 강화를 미국이 막아줘야 하지. 그런데 미국은 필리핀을 차지하려고 한반도를 일제에게 내주는 꼴이 됐잖아. 영국도 인도에 눈이 멀어 일제에 한반도를 양보했어. 이렇게 대한제국의 의사와는 전혀 상관없이 힘센 나라들이 자기들 맘대로 대한제국의 운명을 결정짓고 있었어.

# 을사년의 늑약

1905년 11월 17일, 일제가 대한제국 식민지화 작업에 사실상 마침 표를 찍는 조약인 '을사늑약乙巳勒約'을 체결해. 정식 명칭은 '제2차 한일 협약'이야. 이 조약이 늑약인 이유는 억지로 맺었기 때문이지. 체결하는 과정에서 엄청난 일들이 있었거든.

고종은 이미 맺은 제1차 한일 협약이 부당하다고 생각해서 무효 화하려고 했어. 1905년 7월에 재외공관에 보낸 비밀 전문을 보더라 도 앞으로 이 같은 불평등 조약이 더 강요될 듯해서 미리 조치를 취 하려 했던 거지. 하지만 고종의 무효화 움직임을 일제는 알고 있었 고, 제1차 한일 협약을 수정하겠다며 특명전권대사 '이토 히로부미伊 藤博文'를 파견했어.

1905년 11월 9일, 서울에 온 이토는 고종에게 천황의 친서를 바쳤 어. 동양 평화를 위해 일제 대사의 지휘에 따르라는 협박이었지. 고 종은 거절했지만 이토는 물러나지 않았어. 15일에 이토는 다시 궁궐 을 방문해 협약안을 들이밀었지만 고종은 또 거절했지. 그러자 이토 는 17일에 아예 대한제국 정부 대신들을 일제 공사관으로 불러 협약 안 수용을 종용해. 하지만 이날 3시까지 결론을 내지 못했어.

대신들은 궁궐로 가서 어전회의를 열었어. 이날 어전회의에는 참 정대신 한규설, 탁지부대신 민영기, 법부대신 이하영, 학부대신 이완 용, 군부대신 이근택, 내부대신 이지용, 외부대신 박제순, 농상공부대

을사늑약을 묘사한 만평. 일본군이 칼로 고종을 위협하고 조약을 뜻하는 협약協約의 협協을 위협할 협脅으로 바꾸어 적음으로써 을사조약이 일제에 의해 위협적으로 체결되었음을 풍자했다.

신 권중현 등 8명이 참석했어. 어전회의를 해도 여전히 불가능하다는 결과가 나왔지. 그러자 이토는 군인들로 궁궐을 에워싸도록 하고는 헌병 호위 속에 하세가와長谷川 주한 일본군 사령관을 대동하고 어전회의장까지 들어왔어. 그러고는 직접 메모지를 들고 대신들에게 각각 의견을 묻기 시작하니 참정대신 한규설이 대성통곡했어. 그러자 그를 별실로 데려갔는데, 이토가 "너무 떼를 쓰거든 죽여 버려라"라고 고함쳤다고 해. 탁지부대신 민영기와 법부대신 이하영은 반대했어. 반면 학부대신 이완용, 군부대신 이근택, 내부대신 이지용, 외부대신 박제순, 농상공부대신 권중현 등 다섯 명은 찬성했어. 이토가 처음에 다수결 원칙으로 결정한다고 했기에 이 협약안은 결국 승인이 돼. 역사는 이 협약안에 찬성한 이들을 '을사오적乙巳五賊'이라고 불러.

그렇게 협약안은 강제로 체결되었고, 효력이 발생하려면 양국 대표가 서명해야만 했지만 대한제국 대신들은 서명하지 않았어. 그러자 이토는 일본인 관리들에게 외부대신 직인을 훔치도록 해서 자신이 직접 찍었대. 고종 황제는 이를 허락한 바 없고, 또 사인인 화압花押이나 국새를 찍지 않았어. 그렇기에 을사늑약은 협상안만 존재할 뿐 협약이 아니라는 거야. 당시에도 이 조약이 무효라는 주장이 제기되었대. 고종이 미국에 체류 중인 황실 고문 헐버트Hulburt, H. B.에게 '총칼 위협 아래 체결된 보조 조약은 무효'라는 사실을 미국 정부에 전하라고 전문을 보낸 것만 봐도 정상이 아님을 알 수 있지. 하지만 미국도 이미 일제의 편이었기 때문에 고종의 의견을 무시했어.

## 만국 평화 회의로 간 특사들

을사늑약이 체결되자 군중들은 분노했어. 1905년 11월 20일에 장지연이 《황성신문》에 쓴 '시일야방성대곡是日也放聲大哭', 즉 '오늘 크게

장지연의 '시일야방
성대곡'이 실린 《황
성신문》

목 놓아 울다'라는 논설을 보면 분노가 하늘을 찌르고 있음을 알
수 있어.

"아! 원통한지고, 아! 분한지고. 우리 2000만 동포여, 노예가 된 동포
여! 살았는가, 죽었는가? 단군과 기자 이래 4천 년 국민정신이 하룻밤
사이에 홀연 망하고 말 것인가. 원통하고 원통하다. 동포여! 동포여!"

이 논설이 실린 《황성신문》을 각 가정에서 보관할 정도로 장지연
의 논설은 파장이 컸어. 3000부를 찍던 신문이 이날은 1만 부를 찍
었대. 그 결과 《황성신문》은 무기 정간, 장지연은 3개월간 투옥되었
어. 그러면 을사늑약은 도대체 어떤 내용을 담고 있었기에 우리 국
민을 분노케 했을까.

일제 외무성은 대한제국의 외국에 대한 관계 및 사무를 감리·지
휘하며, 대한제국은 일제의 중개를 거치지 않고 국제적 성질을 가진

1907년 네덜란드 헤이그에서 열린 제2차 만국 평화 회의

조약을 절대로 맺을 수 없고, 대한제국 황제 아래 한 명의 통감을 두어 자유로이 황제를 알현할 권리를 갖고, 각 개항장과 필요한 지역에 이사관을 둘 수 있다는 내용이었어.

보다시피 이 엉터리 조약은 대한제국의 외교권을 박탈하고, 통감부를 설치해 대한제국을 통치하겠다는 거였어. 이런 상황이 오자 고종은 1907년 네덜란드 헤이그에서 열리는 제2차 만국 평화 회의에 주목했어. 대한제국의 뜻에 반하고, 공법인 국제법을 따르지 않은 을사늑약이 원천 무효라는 걸 세계에 알릴 기회였거든. 제1차 회의에 참석하지 못했지만 제2차 회의에는 대한제국도 초청 대상이었어. 하지만 우호적이던 러시아가 러일전쟁에서 진 뒤로 일제의 눈치를 보느라 대한제국을 아는 체하지 않았어. 대한제국은 초청 대상이면서도 초청장을 못 받은 거지.

고종은 손 놓고 있을 수 없어서 이준, 이상설, 이위종을 특사로 파견해. 철통같은 일제의 감시를 뚫고 고종에게서 직접 신임장을 받은 이준은 이상설과 이위종을 각각 다른 곳에서 만나 합류하기로 약속하고 헤이그로 향했어. 그리고 우여곡

만국 평화 회의 협회 회보인《만국 평화 회의보Courrier de la Conférencede la paix》1면에 실린 헤이그 특사의 활동

절 끝에 헤이그에 도착했지만, 다른 나라들의 싸늘한 시선과 마주해야 했지. 시선은 그렇다 치더라도 일제는 물론 영국의 방해로 회의장엔 들어가지도 못했어. 하는 수 없이 대표단은 외신기자단 앞에서라도 연설할 수밖에 없었어. 특히 이위종의 '한국의 호소'라는 연설은 압권이었대. 기자단 사이에서 만장일치로 대한제국을 동정한다는 즉석 결의문을 통과시킬 정도로 깊은 인상을 남겼지. 하지만 거기까지였어.

# 강제로 폐위된 고종

7월 1일 일제 외무성에서 서울에 있는 이토에게 한 장의 전문을 보냈어. 대한제국 황제의 밀사 세 명이 만국 평화 회의 참석을 요구했고, 1905년에 일제와 맺은 보호 조약은 대한제국 황제의 뜻이 아니므로 무효라는 내용이 적힌 밀서였지. 고종이 헤이그 밀사를 통해 러시아 니콜라이 2세에게 보낸 밀서였던 거야. 이 전문을 받은 이토는 7월 3일 오전에 총리대신 이완용을 불러 난리를 쳐. 이완용은 자신도 모르는 일이라며 변명했지. 그날 오후 이토는 장교들을 대동하고 고종 앞에서 밀서 사본을 내밀며 화를 냈어.

"이와 같은 음흉한 방법으로 일제에 대한 거부권을 행사하려는 건 차라리 일제에 대해 당당하게 선전포고함만 못 하다."

게다가 고종 황제가 책임을 져야 한다, 대한제국에 선전포고할 권리를 일제가 가지고 있다며 소리를 질렀다고 해. 그런데 생각보다 거센 고종 황제의 저항에 부딪힌 이토는 이완용을 이용해 고종 황제를 폐위하기로 마음먹었어. 한때 친러파로 활동하다가 일제에 의해 중용된 이완용은 나름 기회라 생각하고 총대를 맸어. 내각을 동원해 어전회의를 열었고, 이 자리에서 송병준이 고종 황제에게 책임을 지고 자결하라고 했대. 놀란 고종 황제는 대신들에게 의견을 구했지만 모두 침묵했어.

7월 16일 열린 내각회의에서 이완용과 송병준이 앞장서서 고종 황제 폐위를 결정하고, 이완용이 고종 황제에게 이 사실을 알렸어. 고종 황제는 "짐은 죽어도 양위할 수 없다"라며 거부해. 대신 박영효를 궁내부대신으로 임명했어. 박영효가 해결해 주리라 믿었던 거야. 하지만 송병준이 일진회를 동원해 협박해댔고, 급기야 7월 18일 새벽 5시 고종 황제는 '황태자 대리 조칙'에 도장을 찍을 수밖에 없었어.

고종 황제가 황태자 '대리'를 선언한 것임에도 이완용은 황제 양위식을 중명전에서 강행해. 이렇게 해서 대한제국 초대 황제는 물러나고 2대 황제 순종이 즉위하지.

고종 황제를 강제로 끌어내린 지 나흘만인 7월 24일 일제는 제3차 한일 협약을 체결했어. 한일 신협약 또는 정미 7조약으로도 불리는 이 조약은 바로 '제2차 을사늑약'이야. 법령권 제정·관리임명권·행정구의 위임 및 일본인 관리의 채용 등에 관한 7개 항이 담겨 있지. 각 조항의 시행 규칙도 따로 두었는데, 대한제국 군대의 해산, 사법권의 위임, 일본인 차관 채용, 경찰권의 위임 등을 포함하고 있었어. 을사늑약보다 더 강력한 것이었지. 이 조약으로 대한제국의 모든 권리가 일제의 손아귀에 들어간 거야.

그런데 일제는 이미 7월 12일, '대한제국 사법 및 감옥 사무 위탁에 관한 각서', 즉 '기유각서己酉覺書'를 체결했어. 이후 대한제국의 사법부와 재판소 및 형무소가 전부 폐지되고, 한국통감부의 사법청이 그 일을 맡도록 조치했어.

여기서 일제보다 더 악랄한 건 친일파의 친일 행동이야. 고종 황제더러 자결하라고 했던 송병준은 이미 2월에 일제로 건너가 매국 흥정을 벌였어. 일제가 요청한 것도 아닌데 자발적으로 가서 이토가 합병을 서두르지 않는다며 일제 정계 인사들을 상대로 합병을 흥정했던 거야. 이때 일본어를 못하는 송병준은 비서로 《혈의 누》를 쓴 작가 이인직이 동행했어. 그런데 더욱 가관인 것은 이때 일제가 이완용 대신 송병준 내각을 출범시킨다고 소문을 내자, 이완용은 송병준과 나라를 팔아먹으려고 경쟁을 했다는 거야.

## 사라진 대한제국의 국권

이제 일제는 대한제국 국권 침탈을 위한 마지막 형식적 절차를 남겨두고 있었어. 바로 대한제국과 일제가 하나의 나라라는 것을 주변에 알리는 것이었지. 이때도 일제는 강제 병합이 아니라는 구실을 만들려고 친일파를 이용했어. 이용구와 송병준에게 '합방 청원서'를 만들도록 지시했지. 대한제국 인사들이 원해서 한 것처럼 보이게 하려는 속셈이었어.

그렇게 일제가 움직이기 시작했어. 지방에 있던 일본군을 서울로 집결시켜 만반의 태세를 갖추었어. 그리고 1910년 8월 22일, 대한제국과 일제는 '한일 병합 조약韓日併合條約'을 체결해. 국제사회의 눈을 의식해 대한제국 내각 총리대신 이완용과 일제 통감 데라우치 마사타케寺內正毅가 대표로 나서서 서로 협의하는 척 시늉하지. 잠깐의 만남에 이어 일제가 준비한 내용을 수정 없이 원안대로 합의하고 서명했어. 그리고 8월 29일 "대한제국 황제 폐하는 대한제국 전체

1910년 8월 29일 자《조선총독부 관보》에 게재된 한일 병합 조약의 한국어 원문

에 관한 일체 통치권을 완전히 또 영구히 일제 황제 폐하에게 양여한다"라는 내용을 담은 한일 병합 조약을 공포해. 이렇게 해서 일제는 대한제국을 공식적으로 식민지화하는 데 성공했어. 역사는 이날을 '국권피탈일國權被奪日' 또는 '경술국치일庚戌國恥日'이라고 불러.

조약 체결을 반대한 학부대신 이용직은 쫓겨났고, 총리대신 이완용을 비롯한 8명의 친일파 대신들은 조약 체결에 혁혁한 공을 세웠다며 대한제국 귀족 작위를 받았어. 하지만 이 조약 역시 결정적인 결함이 있어 무효라는 주장이 제기됐어. 순종 황제의 최종 재가 절차가 없었다는 거야. 여기에 대해서는 순종 황제의 유언이 있었지. 1926년 4월 26일 순종 황제가 궁내대신 조정구에게 이렇게 구술했어.

경복궁 근정전에 걸린 일장기

"목숨을 겨우 보존한 짐은 병합 인준의 사건을 파기하기 위해 조칙(詔勅, 임금의 뜻을 일반에게 널리 알릴 목적으로 적은 문서)하노니, 지난날의 병합 인준은 강린(强隣, 일제를 지칭)이 역신의 무리와 더불어 제멋대로 해서 제멋대로 선포한 것이요, 다 나의 한 바가 아니라."

이러한 일이 있고 나서 이토 히로부미는 어떻게 됐을까? 훗날 대한의군 참모 중장 안중근 의사는 이토가 열차를 타고 뤼순과 하얼빈역을 지난다는 정보를 입수해서 거사를 준비했어. 다른 역에서 계획을 실행에 옮기려다 러시아 경비병에 의해 실패했던 경험을 살려 안중근 의사는 실수가 없도록 치밀하게 준비했지. 1909년 10월 26일 러시아 제국의 재무장관 블라디미르 코콥초프Vladimir Nikolayevich

이토 히로부미를 저격하는 안중근 의사

Kokovtsov와 회담하기 위해 하얼빈역에 도착한 이토는 안중근 의사가 쏜 총탄 7발 중 3발을 맞고 고꾸라졌어. 분노와 실의에 빠져 있던 우리 국민이 그나마 작지만 위대한 위안을 얻었지.

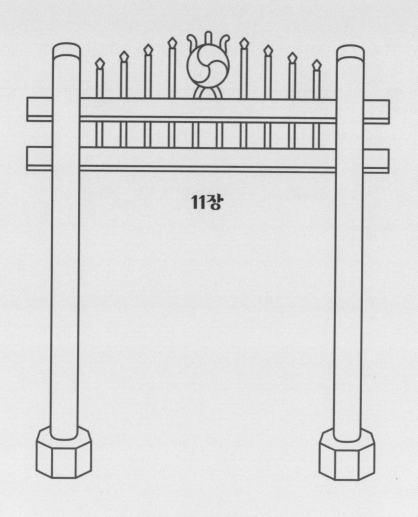

**11장**

# 3·1 운동은
# 어떻게 일어났을까

# 잔혹한 무단 통치

대한제국을 식민지로 만든 일제는 효율적으로 통치를 하려고 조선총독부를 만들었어. 식민지화 과정에서 대한제국의 내정에 간섭했던 통감부를 발전시킨 거야. 그런데 조선총독부는 출발부터 좋지 못했어. 식민지 작업을 총괄했던 이토 히로부미를 안중근 의사가 저격했기 때문이야. 그래서 조선총독부는 대한제국을 통치할 방법을 고민했어.

이러한 상황에서 초대 총독을 맡은 데라우치 마사타케寺內正毅는 그동안 유지되었던 대한제국의 군주제를 없애고 '무단 통치武斷統治'라는 이름의 새로운 통치를 시작했어. 해석하자면 군인이 정치 전면에 나서서 통치하는 것을 말해. 무단 통치를 시작하자 군인들은 인

정사정 보지 않고 총과 칼을 무지막지하게 휘둘렀어.

　데라우치 총독은 무단 통치를 하면서 '기포성산碁布星散'이라는 혹독한 탄압 방식을 시도해. 바둑에서 집을 지을 때 도움이 되도록 미리 주요 지점에 돌을 놓는다는 의미인 바둑판의 '포석'처럼 헌병과 경찰을 촘촘히 배치한다는 의미야. 그물망처럼 촘촘하게 감시하겠다는 거지. 일제의 무단 통치가 얼마나 폭압적이었는지 신채호의 《조선혁명선언》 일부분을 읽어 보면서 공감해 보자.

> "강도 일제가 우리의 국호를 없애고 우리의 정권을 빼앗으며 우리의 생존적 필요조건을 다 박탈했다. …감옥에 구류되어 주리 틀기 족쇄, 단금질, 채찍질, 전기질, 바늘로 손발톱 밑 쑤시는, 수족을 달아매는, 콧구멍에 물 붓는, 생식기에 심지를 박는 모든 악형 곧 야만전제국의 형률 사전에도 없는 가진 악형을 다 당하고 죽거나 요행히 살아서 감옥문에서 나온다고 해도 몹쓸 병에 걸린 평생 불구자가 될 뿐이라. … 우리는 혁명적 수단으로 우리 생존의 적인 강도 일제를 들이쳐 죽임이 곧 우리의 정당한 수단임을 선언하노라."

　일제의 소름 돋는 잔학함을 상징적으로 보여 주는 이 글을 보면 공포스러운 분위기를 조성해 식민지 백성을 억압해서 말을 잘 듣게 만들면서도 인적, 물적 자원을 수탈해 가는 실상을 알 수 있어. 일제는 대한제국을 잔혹하게 대했고, 이에 못지않게 많은 것을 빼앗았지.

경기도 고양시의 토지를 측정하는 일본인

　일제는 강점 후 한 달이 지난 1910년 9월 30일, 토지를 빼앗으려고 '임시 토지 조사국'을 설치했어. 이 조사로 국유지는 조선총독부가 갖고, 신고하지 않거나 부당하게 신고한 토지는 몰수해서 일제 토지회사와 일본인들이 나누어 가졌어. 일제의 수탈은 토지, 쌀, 광물질 등 다양했어. 돈이 되는 건 다 빼앗은 거지. 나중에 제2차 세계대전 때는 놋쇠로 된 밥그릇이나 국그릇, 숟가락까지 죄다 가져갔어. 이러한 상황에서 우리 백성은 일제에 맞서기 위해 독립을 위한 발판을 마련하기 시작해.

# 독립운동을 시작하다

신채호의 글 마지막 부분인 "혁명적 수단으로 일제를 들이쳐 죽이자"라는 부분을 주목해 보자. 그동안 대한제국은 의병으로 불의에 맞섰잖아. 그러니 일제에게 맞설 저력은 분명히 있었어. 그런데 목숨을 걸고 저항해야 해서 쉽진 않았지. 하지만 일제의 폭압과 수탈을 이대로 당하기만 해서는 안 된다는 분위기가 서서히 고조되었어. 특히 천도교, 기독교, 불교 등 종교 단체에서 반응이 컸어.

우선 동학에서 이름을 바꾼 천도교 측에서는 1916년부터 '독립 만세 운동'을 하자는 신자들의 건의가 있었대. 1917년에는 교도 김시학이 제1차 세계대전에서 이길 것 같은 독일에게 '독립 청원서'를 보내자고 제안했지만 제1차 세계대전은 독일이 패배했지. 국제 정세를 잘못 읽었던 터여서 실행에 옮기진 않았어. 그렇지만 천도교는 준비 차원에서 독립운동을 위해 '대중화·일원화·비폭력'이라는 세 가지 원칙을 정했지.

기독교 역시 천도교처럼 무언가를 해야 한다는 공감대가 형성되던 과정에 1918년 여운형 등이 창당한 독립운동 단체 신한청년당이 대한제국과 도쿄로 가서 독립운동을 하자고 건의해. 선우혁은 평안도에서 1907년 안창호 등이 창립한 독립운동 단체인 신민회 사람들을 만나 자금을 지원받았어. 독립운동을 하려면 큰 돈이 필요했거든. 천도교는 국내에 뿌리를 두고 있어서 재정이 비교적 튼튼했대.

불교도 독립운동에 관심을 두고 있어서 한용운이 천도교 최린을 만나 논의했고, 유림도 김창숙을 비롯한 뜻있는 사람들이 독립운동의 필요성에 공감했어.

국내에서 이렇게 독립운동을 하려는 움직임이 생기니 국외에서도 좋은 일들이 일어나기 시작했어. 미국의 윌슨Thomas Woodrow Wilson이 1918년 1월 8일 의회 연두교서에서 '민족자결주의'를 발표해. 식민지 민족은 자신들의 미래를 스스로 결정할 수 있다는 조항이야. 그런데 이 조항은 제1차 세계대전에서 패한 나라의 식민지에만 적용되는 것이었어. 불행하게도 일제는 제1차 세계대전 때 연합국 측에 가담한 승전국이지. 역사학자들은 이를 '베르사유의 배반'이라고 불렀어. 베르사유는 제1차 세계대전 강화 회담이 열린 장소였거든.

베르사유 강화회의는 일제 식민 지배의 부당성을 알릴 좋은 기회였어. 그래서 신한청년당 여운형은 '독립 청원서'를 작성해 김규식에게 들려 파리로 보내. 1919년 2월 1일 상하이에서 출발한 김규식은 3월 13일에 파리에 도착하지만 일제의 방해로 회의장에 들어갈 수 없었어. 결국 외신기자 클럽에서 일제 침략의 흉계와 대한제국 독립의 타당성을 설파했어. 이러한 상황이 필요충분조건을 만족시키면서 독립운동을 할 수밖에 없는 국면이 만들어지고 있었지.

# 고종 황제 독살설

1919년 1월 21일, 건강하던 고종 황제가 덕수궁 함녕전에서 갑자기 승하했어. 식혜를 마시고 배가 아프다고 하더니 그대로 절명한 거야. 일제가 발표한 사망 원인은 뇌일혈이었어. 그런데 고종 황제의 시신이 어딘가 이상했어.《윤치호 일기》에만 나오는 얘기이긴 한데, 시체가 너무 부어올라 한복 바지를 벗길 수 없어 찢었다, 이가 모두 빠져 있었고, 혀가 모두 사라졌다, 목에서 배까지 검은 줄이 나 있다고 기록되어 있어. 기록만 보자면 누군가 식혜에 독을 탔다는 얘기잖아. 이러한 독살설이 확실했지만 이것도 소문일 뿐이어서 정확하다고는 할 수 없어. 결국 3월 3일에 장례를 치렀고, 고종의 승하는 우리 민족이 단결하는 기폭제가 되었어. 그런데 이 장례식 날짜는 매우 중요하게 작용해.

이러는 가운데 해외에서 독립 선언서인 '대한 독립 선언서'와 '2·8 독립 선언서'가 발표돼. 그런데 대일항쟁기(일제 강점기)에 작성된 독립 선언서는 200개가 넘어. 그중 대한 독립 선언서와 2·8 독립 선언서, 그리고 기미 독립 선언서를 3대 독립 선언서라고 불러.

대한 독립 선언서는 1919년 2월 중화민국 지린吉林에서 항일 독립 운동단체인 중광단重光團이 주도해서 발표한 독립 선언서야. 음력으로 1918년 무오년에 발표되어서 '무오 독립 선언서'라고도 불러. 독립운동가 조소앙이 썼고 우리 대한은 완전한 자주 독립으로 우리

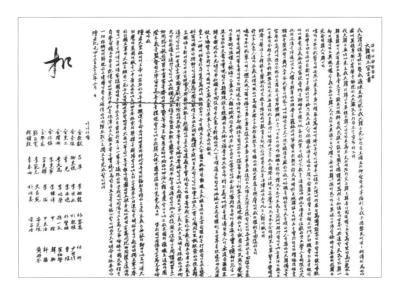

중화민국 지린에서 발표한 대한 독립 선언서

자손에 대대로 전하기 위해 대한 민주의 자립을 선포한다는 내용이 담겨 있어.

2·8 독립 선언서는 1919년 2월 8일 일제 도쿄에서 유학생들이 발표한 독립 선언서야. 도쿄에 30년 만의 폭설이 내렸지만 조선YMCA 회관에 600명이 훌쩍 넘는 유학생들이 모여 독립 선언서를 발표했어. 독립 선언서를 작성한 소설가 이광수와 학생들은 정의와 자유의 승리를 얻은 세계 만국 앞에 독립이 이미 이루어졌다고 선언했지.

불행하게도 2·8 독립 선언서를 작성한 이광수는 훗날 친일파로 변절했지만 당시에는 진심이었을 거야. 선언서를 영문으로 번역해 파리 강화회의에 참석하는 독립운동가나 미국 대통령, 프랑스와 영

2·8 독립 선언 주도자들(위)과 2·8 독립 선언서

국의 총리에게도 보내기도 했거든.

그리고 송계백이 2·8 독립 선언서를 헝겊에 싸서 몰래 국내로 들여와. 송계백은 선언서를 중앙학교 은사인 현상윤을 비롯해 송진우, 최남선, 최린 등에게 전달했어.

해외뿐만 아니라 국내에서도 발 빠르게 움직였어. 특히 천도교와 기독교는 자주 만나 논의하면서 함께 독립운동을 하기로 약속해. 불교와 학생들을 독립운동에 함께 참여시키기도 했지.

그런데 하나가 된 종교 단체에서 독립 선언서라는 명칭을 두고 논쟁이 생겼어. 천도교는 독립 선언서, 기독교는 독립 청원서라고 주장했지만 결국 '독립 선언서'로 결정하고 작성은 천도교에서 맡았어. 이에 최남선은 송계백이 가지고 온 2·8 독립 선언서를 참고해 '기미 독립 선언서'를 작성하지. 최남선은 일제의 감시를 피해 일본인과 재혼한 임규의 집에서 광고지 뒷면에 독립 선언서 초안을 썼다고 해. 다 쓴 초안을 임규의 양아들을 시켜 최린에게 전달했고, 최린은 거문고 안에 보관했어.

초안을 다듬은 끝에 선언서가 완성되자 천도교, 기독교, 불교 측 대표 33명이 서명했어. 기미 독립 선언서를 쓴 최남선은 서명하지 않았는데, 자신이 운영하던 잡지 출판사를 망하게 할 수 없기 때문이라고 했대. 그런데 그도 이광수처럼 나중에 친일로 변절해. 인쇄는 천도교에서 운영하는 보성사에서 했어. 이종일 사장이 인쇄한 독립 선언서를 손병희 교주 집으로 옮기는 과정에서 일제 경찰에게 불심

검문을 당하는 등 아슬아슬한 순간이 있었다고 해.

한편 주도자들은 거사 장소와 거사일을 정하려고 논의했어. 장소는 파고다공원으로 결정했는데, 문제는 거사일이었어. 앞에서 언급한 고종의 장례일에는 사람이 많이 모일 테니 3월 3일에 하려고 했지만, 많은 사람이 모인다면 예기치 않은 사고가 발생할 수도 있어서 하루 앞당긴 3월 2일에 하려 했어. 그런데 그 날은 주일인 일요일이라 기독교의 반대로 3월 1일 토요일에 거사를 진행하기로 결정했어. 장소도 비슷한 이유로 변경되어 이완용이 살던 집인데 음식점이 된 태화관에서 실행하기로 했지.

1919년 3월 1일 오후 2시, 파고다공원에 학생들을 비롯한 많은 사람이 모여들었어. 학생들이나 일반 민중들에게 장소가 변경되었다고 알리지 않았거든. 시간이 되었는데도 파고다공원에 민족 대표들 중 누구도 나타나지 않았어. 그때 민족 대표들이 태화관에 있다는 얘기를 듣고 학생 대표들이 달려가 따졌어. 그러나 민족 대표 누구도 파고다공원에 오지 않았어. 결국 따로 행사가 열렸지.

파고다공원에서는 경신학교 출신의 정재용이 단상에 올라가 품에서 선언서를 꺼내 낭독했어. 반면 태화관에서는 독립 선언서가 실제로 낭독되지는 않았어. 독립 선언서에 서명하기 위해 돌려 읽는 과정에서 이미 읽었기에 생략한 거야. 민족 대표들은 행사가 끝나고 총감부로 전화를 걸어 이 사실을 알리고 체포됐어. 당당하게 끌려갔고 품위도 지켰다고 해. 이렇게 해서 전 세계의 이목을 끌며 우리 역

3·1 운동을 위해 파고다공원에 모인 민중들

사의 한 페이지를 화려하게 장식하는 3·1 운동이 활활 불타오르게
되지.

박은식의 《한국독립운동지혈사》에 의하면, 운동 횟수 약 1500회,
참가 인원 약 200만 명, 사망자 약 7500명, 부상자 약 1만 6000명,
체포자 약 4만 7000명에 달할 정도로 3·1 운동은 범민족적 거사였
어. 당시 대한제국 인구가 약 1600만 명인 점을 생각하면 엄청난 참
여였지.

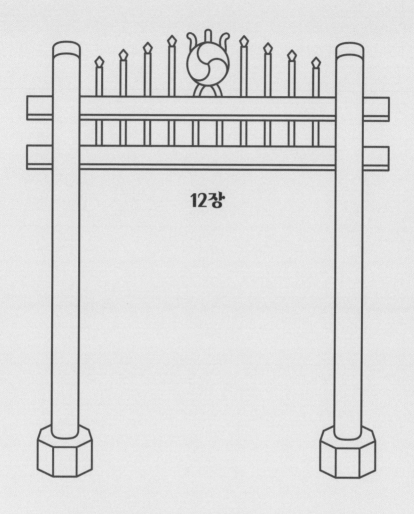

12장

# 대한민국 임시정부는 왜
# 상하이에 설립됐을까

# 망명을 떠날 뻔한 고종

"유구한 역사와 전통에 빛나는 우리 대한국민은 3·1 운동으로 건립된 대한민국 임시정부의 법통과 불의에 항거한 4·19 민주 이념을 계승하고…"

여기서 대한민국 헌법 전문의 시작을 언급하는 이유는 대한민국이 "3·1 운동으로 건립된 '대한민국 임시정부'의 법통"을 계승했다는 구절 때문이야. 앞에서 얘기했던 3·1 운동의 결과물로 '대한민국 임시정부'가 만들어졌거든. 지금 우리 정부의 법통을 이어준 '이전' 정부인 대한민국 임시정부를 지금부터 알아보려고 해.

일제에 국권을 강제로 빼앗기면서 반만년이나 굳건했던 나라가 없어졌어. 우리 역사에서 단 한 번도 없었던 상황이지. 그러자 뜻있는 애국지사들 사이에서 적통을 이어갈 정부가 있어야 한다는 의견이 나왔어. 독립운동을 하기 위한 구심점도 필요했지. 특히 3·1 운동이 일어나면서 이 문제가 더 절박해졌거든.

이때 1915년에 베이징에 있던 성낙형과 유동열 등이 상하이로 가서 박은식, 신규식, 이상설 등을 만나 결성한 독립단체인 신한혁명당과 함께 구체적인 계획을 세워 실행해. 신한혁명당의 계획은 고종 황제를 당수로 추대하고 아예 중화민국으로 모셔 임시정부를 만들겠다는 거였어. 역사에서는 군주제를 그대로 이어 황제를 보존한다는 의미에서 '보황주의保皇主義'라 불러. 그런데 성낙형이 국내에 들어와 변석봉을 만나 논의하다가 일제에 발각돼. 여기에다 실질적인 총책임자인 이상설 본부장이 갑자기 사망하지.

고종 황제를 계속 군주로 삼아 군주제를 유지하겠다는 신한혁명당의 계획은 실패로 돌아갔고, 이는 우리 역사에서 매우 중요한 전환점이 되었어. 군주제를 할 수 없다면 어떤 정치체제를 채택해야 하는지에 대한 숙제를 준 거니까 말이야.

정치체제는 크게 군주제와 공화제로 나눌 수 있어. 군주제는 국가 주권의 상징을 군주, 즉 왕에게 두는 제도로, 세습되는 것이 특징이야. 공화제는 주권이 국민에게 있는 제도로 주권의 상징을 국민이 투표로 뽑는 것이 특징이지. 이 상황에서는 공화제를 선택할 수밖에 없었어. 대한제국이 공화제를 채택한다는 것은 역성혁명으로 정권을 잡은 이성계 후손들의 나라에서 벗어난다는 것을 의미해. 독립운동가들이 자연스럽게 공화제에 관심을 둘 수밖에 없었지. 그래서 이 무렵 독립운동가들의 가장 큰 목표는 '나라 되찾아 세우기'였어. 바로 '임시정부'를 세우는 것이었지.

## 임시정부의 등장

당시 독립운동가들은 중화민국이나 러시아, 또 국내에서 각각 독립운동을 펼치고 있었어. 모두 임시정부의 필요성을 느껴서 각자 결성하기 시작했지.

가장 먼저 깃발을 든 곳이 러시아였어. 블라디보스토크를 중심으로 하는 러시아 연해주는 1850년대부터 조선인들이 건너가 개척하며 많은 독립운동가가 활동하던 곳이야. 신한촌 같은 한인촌도 생겼고, 권업회 같은 독립운동 단체도 결성돼. 이후 1925년 2월 25일, 지금의 러시아 우수리스크인 연해주 니콜스크-우수리스크에서 활동하는 독립운동가와 한인들이 모여 '전로 국내 조선인 회의全露國內朝鮮人會議'를 열었어. 여기서 체코슬로바키아의 국민 의회를 모델로 '국민 의회'를 조직하기로 결의했어. 이 결과물이 바로 '대한 국민 의회'야. 국민 의회는 민주적 자치기구인 평의회, 즉 소비에트Soviet제를 채택했어. 선출된 상설위원 30명이 임시 국민 회의 기능을 맡고, 독립하는 날 임시 대통령을 선출해 임시정부를 운영한다는 거였어. 마침내 3월 17일에 대한 국민 의회가 전면에 나서서 임시정부 수립을 선포했어. 이 임시정부는 3·1 운동 이후 최초로 설립된 한국인의 정권 기관으로 평가받고 있어. 대한 국민 의회의 의장은 전로 한족 중앙 총회 문창범 회장이 맡았고, 손병희가 대통령, 박영효가 부통령을 각각 맡았어.

서울에서도 임시정부 결성을 위한 움직이기 생기기 시작했어. 3·1 운동 직후부터 기독교와 천도교, 그리고 유교 인사들이 나섰지. 이들은 3월 17일 '비밀 독립운동 본부'를 띄웠어. 이 본부는 본격적으로 정부 수립 절차를 논의했고, 4월 2일 인천 만국공원에서 13도 대표자 회의를 개최해. 하지만 참석하는 인원이 부족해서 회의를 제대로 열지 못했어. 이런 흠결 속에서 주도자인 이규갑이 상하이로 망명하자 기독교 측 김사국이 나서서 주도하게 돼.

4월 23일 이들은 조촐하게 국민대회를 개최해 임시정부를 선포했어. 그게 바로 '한성 정부'야. 한성 정부의 정부 수반인 집정관 총재는 이승만, 국무총리 총재는 이동휘가 각각 맡았어. 이승만은 이때 미국에 있었는데, 이 소식을 듣고 자신의 호칭에 'President'를 사용했다고 하지.

한성 정부 문건을 뿌릴 때 평북 선천 일대에 '조선 민족 대회' 명의의 '임시정부 포고문'이 함께 뿌려졌다고 해. 실체가 거의 드러나지 않아서 잘 알려지지 않았지만 신한민국 임시정부가 따로 추진되

### ① 대한 국민 의회

- 1919년 3월 17일 선포
- 연해주와 간도 기반으로 활동
- 훗날 상하이·한성 정부와 통합

### ⑤ 신한민국 임시정부

- 1919년 4월 17일 전단서에서 발견
- 철산·선천·의주·평양 기반으로 활동

### ② 대한 민간 정부

- 1919년 4월 1일 기호지역 수립 시도
- 천도교 중심 민간정부

### ⑥ 한성 정부

- 1919년 4월 23일 선포
- 서울 기반으로 활동
- 훗날 노령·상하이 정부와 통합

### ③ 조선민국 임시정부

- 1919년 4월 9일 문건에서 발견
- 천도교 중심으로 서울 지역 수립 시도

### ⑦ 고려 임시 정부

- 1818년 4월 15일 길림신공화보 게재
- 간도 지역 기반으로 활동

### ④ 대한민국 임시정부

- 1919년 4월 11일 선포
- 상하이 기반으로 활동
- 훗날 노령·한성 정부와 통합

### ⑧ 임시대한 공화정부

- 1919년 3월 29일 현순의 전보서 확인

3·1 운동 이후 생겨난 주요 임시정부

었어. 아마 한성 정부 추진 세력과 협상이 결렬되어서 따로 배포하지 않았나 싶어. 이 임시정부의 집정관은 이동휘, 국무총리는 이승만이었어.

전단으로만 존재하는 '전단 정부'도 있었어. 4월 9일, 서울 시내에 뿌려진 전단에만 등장한 '조선민국 임시정부'야. 천도교 세력과 미주 활동가들의 연합정부 형태를 띠고 있어. 도령부 정도령에 손병희, 부도령에 이승만이 이름을 올렸지.

이렇게 여러 개의 임시정부가 만들어질 수밖에 없었던 것은 노선 차이도 있었을 테고, 교통과 통신이 열악해 소통하지 못한 탓도 있을 거야. 그러함에도 한 가지 분명한 건 당시 독립운동에 힘쓰던 사람들은 우리의 정부를 반드시 우리 손으로 세워야 한다는 생각을 했다는 거지.


## 상하이로 간 임시정부

독립운동가들이 가장 많이 활동하던 상하이에서도 임시정부를 꾸리려는 활발한 움직임이 있었어. 임시정부를 구성하겠다는 소식이 알려지자 독립운동가들이 속속 상하이로 모였지. 상하이 프랑스 조계에 독립운동가들이 모여 의논할 수 있는 '독립 임시 사무소'를 열었어. 독립 임시 사무소의 총무 현순은 국내 민족 대표들로부터 권한을 위임받아 상하이에 파견되었어. 그는 3·1 운동 당시 천도교 지원금 5000원 중 2000원을 쓰고 남은 비용을 들고 상하이로 갔지.

상하이에는 2·8 독립 선언서를 쓴 이광수를 비롯한 최근우, 미국에서 온 여운홍 등도 있었어. 이들은

대한민국 임시정부 상하이 청사의 모습

국내 한성 정부의 상징성을 고려해야 한다고 주장했어. 특히 이광수와 현순은 나중에 정통성 시비에 휘말리지 않으려면 국내 민족 대표의 의사를 들어 봐야 한다고 했어. 하지만 국내 한성 정부와 신한민국 임시정부는 통합에 실패했고, 신한민국 임시정부만 상하이에 합류했지.

국내 현순과 상하이파 간 의견 대립이 커졌지만 일단 이동녕, 이시영, 조소앙, 이광, 조성환, 신석우, 이광수, 현순 등으로 구성된 '8인 위원회'를 구성해서 통합 논의를 진행하기로 했어. 이들은 1919년 4월 9일과 10일에 정부 수립 1차 회의를 열었지. 손정도와 이광수의 제의로 각 지방 대표회를 구성하는 한편 '임시 의정원' 구성과 정부 수립 작업을 진행했어. 그리고 4월 11일 마침내 '대한민국 임시정부'가 수립되었어.

대한민국 임시정부는 정부 조직에 필요한 5가지 사항을 결정했어.

❶ 회의체 이름은 대한민국 임시의정원

❷ 국호와 연호 제정

❸ 정부 조직 구성 및 내각 구성원 선발

❹ 임시의정원의 임시헌장 제정

❺ 임시정부 명의의 선서문과 정강 채택

이렇게 임시의정원이 국호 제정 문제를 첫 회의의 안건으로 올렸어. 나라를 만들려면 우선 이름부터 정해야 했지. 국호 후보로 대한민국을 비롯해 조선공화국, 고려공화국 등 다양하게 제시됐어. 대한제국은 일제에게 점령당했기 때문에 이 국호를 쓸 수 없다는 반대파와 빼앗긴 국호를 다시 찾아 독립했다는 의지를 살리자는 찬성파의 논쟁 끝에 다수가 지지하는 '대한민국'이라는 이름이 결정되었지.

정부 조직은 '국무총리 및 6부 체제'를 채택했어. 국무총리는 오늘날 대통령에 해당하는 국가수반으로, 초대 국무총리는 이승만이 맡았어. 내무총장 안창호, 외무총장 김규식, 재무총장 최재형, 군무총장 조성환, 법무총장 이시영, 교통총장 문창범 등이 6부를 맡았어.

그리고 오늘날 헌법에 해당하는 '임시헌장'도 제정했어. 국무총리비서장이자 대한 독립 선언서를 썼던 조소앙이 임시헌장 초안을 썼어. 임시헌장은 전문과 10개 조로 구성돼 있는데, 제1조가 지금 우리

대한민국 임시정부 인물들

헌법 제1조와 똑같아. 임시헌장 제1조는 "대한민국은 민주공화제로 함", 현행 헌법 제1조는 "대한민국은 민주공화국이다"라고 표기되어 있어. 100여 년 전에 만든 임시헌장의 "대한민국은 민주공화제"라는 천명은 지금도, 앞으로도 계속 우리의 정체성을 상징해.

## 통합과 분열을 반복한 임시정부

상하이에 임시정부가 만들어졌다는 건 큰 의미가 있어. 상하이는 교통과 정치, 경제의 중심지였고, 신해혁명의 핵심 거점이어서 중화민국 혁명가들로부터 지지와 도움을 받기에도 유리했어. 많은 독립운동가가 대한민국 임시정부에 관심을 가질 수밖에 없었지.

대한민국 임시정부가 만들어지자 자연스럽게 효율적인 독립운동을 위해 여러 지역의 임시정부를 통합하자는 의견이 나오기 시작했어. 러시아에서 활동하던 대한 국민 의회가 가장 적극적이어서 4월 15일에 원세훈을 상하이에 파견해서 교섭을 진행했지. 대한민국 임시의정원도 5월 13일에 국내외 정부 조직체 통합을 추진한다고 결의했고, 5월 25일 미국에 있던 대한민국 임시정부의 내무총장 안창호가 상하이로 오면서 급물살을 탔어. 사실 이때 이승만을 비롯한 많은 대한민국 임시정부 인사들이 상하이에 오지 못한 상황이었거든.

안창호는 이승만이나 이동휘 같은 인사의 취임이 필요하다는 판단 아래 통합을 추진했어. 또 나름대로 정통성이 있는 서울의 한성 정부도 생각했지. 각자 다른 입장을 조율하면서 이승만의 대통령제 요구를 받아들여 가까스로 통합에 성공했고 통합정신을 살려 '대한민국 임시헌법'을 공포했어.

이에 러시아의 이동휘와 문창범, 박은식이 대한 국민 의회를 해산하고 9월 18일 상하이로 왔어. 그런데 임시정부를 해체한 게 아니라 한성 정부와 같은 모습으로 바꾸기만 한 거야. 이동휘와 문창범은 배신감을 느끼곤 내각 취임을 거부하며 갈등이 시작되었어.

이 갈등에는 민족주의와 사회주의라는 이념과 노선의 차이도 한몫했지. 또 자금 문제도 원인으로 작용했어. 특히 러시아의 국제공산당(코민테른)이 러시아 한인사회당(후에 고려공산당)에 준 지원금이

대한민국 임시의정원 인물들

문제가 된 거야. 한인사회당은 러시아가 임시정부가 아닌 한인사회당에 준 거라며 사용했지만 대한민국 임시정부로 통합했으니 대한민국 임시정부의 돈이라며 논쟁이 끊이질 않았어. 그리고 미주 지역 동포들이 모금한 애국금도 문제가 됐어. 이 자금은 통합 협상 때도 말이 나올 만큼 예민한 문제였는데, 이승만이 전권을 갖고 집행한 거야. 물론 임시정부에는 자금을 보내지도 않았지.

이러는 가운데 대통령에 선출된 이승만이 상하이에 오지도 않으면서 비선조직을 가동해 임시정부를 통제하려 했어. 당연히 반감이 커졌지. 안 되겠다 싶어 임시정부는 이승만더러 상하이에 와서 문제를 수습하라고 권고해. 이승만은 마지못해 1920년 12월 상하이로

오는데, 갈등 수습은커녕 혼란만 키웠어. 결국 이승만은 국민대표회의의 주장이 불순하다며 하와이로 다시 건너가.

여전한 갈등이 이어지면서 이승만은 미국 윌슨 대통령Woodrow Wilson에게 '위임통치'를 제안했어. 미국더러 대한민국을 통치해달라는 것이었지. 이 소식을 들은 독립운동가들은 분노했고 오죽하면 신채호는 이승만을 공개적으로 비난해.

"미국 위임통치를 청원한 이승만은 이완용이나 송병준보다 더 큰 역적이오. 이완용은 있는 나라를 팔아먹었지만, 이승만은 아직 나라를 찾기도 전에 팔아먹으려 하지 않소."

통합이 사실상 불가능해지자 러시아파는 러시아로 돌아가 '대한국민 의회'를 다시 세웠어. 하지만 한인사회당 러시아파 이동휘가 마음을 바꿔 국무총리에 취임하면서 가까스로 통합 정부 모습을 갖추게 돼. 이 통합 정부는 최초의 좌우 합작 정부라는 평가를 받고 있지.

그러나 통합 정부 모습을 갖추었다고 해도 골 깊은 갈등이 쉽게 봉합되지는 않았어. 이승만이 대통령으로 선출되자 이번엔 신채호가 임시정부를 탈퇴하고 베이징으로 가버린 거야.

이렇게 이승만 지지파와 반대파가 갈등을 빚는 가운데, 박은식 등이 '아 동포에게 고함'이라는 호소문을 발표하며 국민 대표 회의 개최를 요구했어. 이승만 지지자들은 '협성회'를 조직해 임시정부를 강

력하게 옹호했지. 결국 국
민 대표 회의도 임시정부
를 완전히 고치자는 개조
파와 완전히 새롭게 하자
는 창조파가 대립하면서
별 성과를 거두지 못했어.

《독립신문》 호외에 보도된 이승만 임시대통령의 탄핵

결국 임시정부를 개편
하되 이승만 임시대통령을
퇴임시키는 선에서 수습하려고 했어. 하지만 이승만은 그만두길 거
부해. 그러다가 1925년 3월 23일 임시의정원은 임시대통령 이승만에
대한 탄핵안을 통과시키지. 이렇게 임시정부는 어렵게 대한민국 임
시정부로 통합되어 지금 우리 정부의 뿌리를 내렸어.

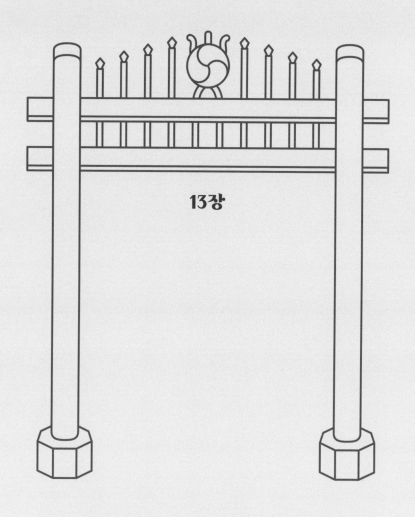

13장

대한민국 임시정부는 왜
청사를 자주 옮겼을까

## 이봉창과 윤봉길, 일제의 심장을 쏘다

어렵게 통합한 대한민국 임시정부(이하 임시정부)는 개헌을 통해 같은 목적을 가진 정부 체제로 수렴하면서 독립운동의 구심점 역할을 했어. 그 무렵 전 세계를 놀라게 할 일이 일어났지. 바로 윤봉길과 이봉창 의사의 거사였어.

여기엔 '한인애국단'의 적극적인 의지가 담겨 있어. 한인애국단은 임시정부 재무부장 김구가 결성한 '일제 고위층 암살 목적을 가진 비밀결사체'야.

1931년 1월 이봉창이라는 젊은이가 이 한인애국단을 찾아왔어. 일본어를 유창하게 해서 일제 밀정이 아닐까 의심스러웠던 김구는 술자리에서 그를 시험해 봤대. 이봉창은 도쿄에서 천황을 보고 가슴

얼굴 가리개를 쓰고 법원 공판정에 들어가는 이봉창 의사

이 일렁이고 피가 솟구쳐 올라 무기만 있었다면 어떤 일이라도 했을 거라고 말했어. 여기서 김구는 이봉창이 보통 인물이 아님을 확신하고 자신의 계획을 털어놓았어.

김구의 제안에 따라 이봉창은 상하이 훙커우虹口에서 종적을 감추고 서너 달에 한 번씩 만나 구체적인 계획을 의논해. 12월 12일에 한인애국단에 가입하고 13일에 천황을 암살하겠다는 선서와 함께 양손에 수류탄을 들고 기념 촬영을 했지.

12월 17일, 도쿄로 출발한 이봉창은 김구에게 전보를 쳐서 "상품은 1월 8일 팔아 치우겠다"라고 거사일을 알렸어. 이후 관병식을 하고 돌아오는 천황을 향해 왕궁 입구에서 수류탄을 던졌어. 그러나 목표인 천황은 멀쩡했고, 고위 관료 두 명만 부상을 당했지. 당연히 이봉창은 현장에서 체포되었어. 이봉창은 비밀재판을 받고 1932년 10월 10일에 이치가야 형무소에서 교수형에 처해졌어. 비록 한인애국단의 첫 작품이 절반의 성공으로 끝난 의거였지만 그 파장은 컸어. 일제에서 국체로 추앙받는 천황을 겨

김구(왼쪽)와 윤봉길 의사

냥했다는 조선 청년의 결기만큼은 확실히 보여준 사건이었지.

이봉창 의사의 도쿄 거사에 대해 중화민국에서 찬사를 보내자 발끈한 일제는 일제 승려가 중국인에 얻어맞는 일을 꾸며 중화민국을 공격하는 이른바 '1·28 사변'(1932년)을 일으켰어. 사실상 중일전쟁의 전초전이랄 수 있지. 이 국지전에서 일제가 이기자 기고만장한 일본인들은 홍커우공원에서 천황의 생일 축하식을 겸한 열병식을 열기로 했어. 한인애국단은 이날을 기회로 삼아 젊은 청년 윤봉길이 거사를 실시하겠다고 계획했지.

서너 권의 시집을 낸 농촌 계몽운동가였던 윤봉길은 비장한 각오로 중화민국에 갔어. 1931년 겨울, 김구를 찾아가 독립운동을 위한 투쟁 기회를 달라고 했대. 그러자 김구는 1932년 4월 26일 그를 한

인애국단에 가입시키고 훙커우공원에서 실시할 거사를 맡긴 거였어. 윤봉길은 그날 즉시 중화민국 주둔 일본군 총사령관 시라카와 요시노리白川義則 대장의 사진과 일장기를 품고 훙커우공원을 답사해.

29일 아침, 윤봉길은 김구로부터 받은 도시락 폭탄 2개를 품고 현장에 갔어. 행사 주최 측에서 도시락을 지참하라고 한 데서 착안한 위장이었지. 이날 행사장에는 2만 명이 넘는 인파가 모였대. 인파가 많으면 위장하기 편하니 윤봉길의 입장에서는 편했지만, 목표물에 접근하기가 어려웠어. 윤봉길은 일본인처럼 위장하고 행사장에 입장해 연단 쪽으로 다가갔어. 11시 50분쯤, 일제 국가가 연주되고 나서 묵념을 올리려고 모두가 고개를 숙인 그때, 윤봉길은 도시락 폭탄의 기폭장치를 작동시켜 단상의 시라카와 요시노리를 향해 던졌어. 폭탄은 시라카와 요시노리 바로 앞에서 폭발했고, 일본군 수뇌부 7명이 쓰러졌어. 시라카와 요시노리는 중상을 입고 병원으로 실려 갔지만 끝내 사망했지.

자폭용 폭탄의 기폭장치가 터지지 않아 현장에서 체포된 윤봉길은 몸속에서 태극기를 꺼내 흔들면서 "일제 제국주의 타도하자!"라고 외쳤어. 윤봉길도 일제 군법 회의에서 사형선고를 받고 수감되어 12월 19일에 총살형을 당해.

이 거사에 대해 중국 국민당 지도자 장제스蔣介石가 "중국의 100만 대군도 하지 못한 일을 조선의 한 청년이 해냈다니 대단하다"라고 극찬했대.

윤봉길 의사의 도시락 폭탄이 터진 현장

　이 밖에도 한인애국단은 여러 번에 걸쳐 일제의 심장부를 노렸어.
사전에 발각되어 시도조차 못 한 일도 있지만 조선인의 기개만큼은
세계만방에 확실히 보여주었지.

# 청사를 옮겨야만 했던 임시정부

윤봉길 의사의 거사가 성공하자 한인애국단 김구는 상하이 신문에 이 사건의 주모자가 자신이라고 발표해. 어차피 일제의 탄압이 있을 텐데, 한 번 더 조선인의 기개를 확실하게 천명하자는 의미였겠지. 이후 일제가 현상금 60만 원을 걸고 수배령을 내리자 김구는 상하이를 탈출했어.

김구는 임시정부를 탈퇴하고 '장진구長震球, 張震球' 또는 '장진長震, 張震'이라는 가명을 쓰면서 광동인으로 행세하며 항저우로 갔어. 사흘 후 다시 자싱嘉興으로 이동해 중국인 독립운동가 추푸청初輔成의 집에서 숨어 지내. 여기서 김구는 뱃사공 주아이빠오朱愛寶와 부부 행세를 했는데, 후에 실제로 부부의 감정이 들었다고 회고하기도 했어.

상황이 이렇게 되자 임시정부도 상하이에 더 이상 있을 수 없었어. 일제가 무슨 해코지를 할지 몰랐거든. 또 그나마 도움 주던 장제스도 중일전쟁에서 밀리면서 퇴각하자 임시정부도 고난의 이동을 할 수밖에 없었어.

임시정부가 상하이를 떠나 가장 먼저 둥지를 튼 곳은 항저우杭州야. 군무장 김철이 머물던 청태 제2여사를 임시청사로 삼았어. 그런데 이곳이 숙박업소라 기밀 유지가 어려웠어. 결국 어쩔 수 없이 이듬해인 1933년 1월 중국 국민당의 도움으로 항저우시 시후西湖 부근에 2층 목조로 된 다세대주택으로 임시청사를 옮겼지.

이 무렵 임시정부 내에 또 분열이 생겨. 그래서 파벌 투쟁을 청산하고 민족주의 운동 전선을 통일하자는 취지로 10여 개 단체가 결합해서 '한국 대일 전선 통일 동맹'을 조직해. 한국독립당 조소앙과 조선 의열단 김원봉이 주축이 되어 창당한 '조선민족혁명당'이 한국 대일 전선 통일 동맹의 주도 세력이었어. 이들은 임시정부 자체를 반대했지. 결국 한국 대일 전선 통일 연맹은 김구를 반대하는 세력이 모인 셈이었어.

이들은 임시정부를 폐지하자고 했지만 김구는 여전히 임시정부를 유지해야 한다고 주장했어. 이후 조선민족혁명당이 사회주의 계열의 김원봉을 중심으로 운영되자 조소앙은 당을 탈퇴하고 다시 한국독립당을 재건했어. 그는 김구를 견제하려고 한국독립당 중심 세력인 송병조와 손을 잡으려 했지만, 송병조는 김구와 연대했지. 결국 조소앙을 배제한 김구와 송병조가 1935년 11월에 항저우에서 조선민족혁명당에 대항하는 '한국국민당'을 창당해. 이때 숨어서 지내던 김구도 임시정부에 복귀했어. 이로써 침체해 있던 임시정부에 활력이 돌기 시작했지.

그런데 항저우에서도 임시정부는 안심할 수 없었어. 일제 밀정의 추적이 계속되었거든. 1935년 11월에 임시정부는 난징南京 부근의 전장鎭江으로 다시 청사를 옮겼어. 애초 난징 시내도 검토했으나 일제의 감시와 임시정부 내의 갈등 등을 이유로 외교 문제가 생길 수도 있어서 시내로는 갈 수 없었어. 대부분 임시정부 요원들은 중국

대한민국 임시정부 항저우 구지 기념관

국민당 정부와 연대를 도모하고 항일운동의 기반 강화 목적으로 난징에 머무르고 있었거든.

임시정부의 청사를 옮긴 이후 1933년에 김구와 장제스는 중국 국민당의 재정, 군사 지원 차원에서 낙양 군관 학교 내 한인 훈련반을 설치했어. 만주 한국독립군 총사령관 지청천이 육성 책임자로 선정됐지. 이러는 가운데 김구는 좌파와는 타협하지 않고 우파 세력의 연합을 바탕으로 민족 운동을 강화해야 한다고 주장해. 그래서 한국국민당이 우파의 중심 역할을 했어.

# 세상으로 나온 김구

1937년 7월 28일 일제는 제국주의 야욕을 실현하기 위해 중일전쟁을 일으켜. 이 전쟁의 발단은 겉으로 보면 조금 싱거울 만큼 사소했어. 베이징 교외의 작은 돌다리인 루커우차오盧溝橋에서 일본군과 중국군 사이의 작은 충돌이 빌미가 됐으니까.

7월 7일 루커우차오 다리 부근에서 일본군이 야간 훈련을 하던 중에 총소리 몇 발이 울리더니 일본군 한 명이 실종되었어. 이 병사는 용변을 보려고 잠시 대열을 이탈했던 거야. 그런데 일본군은 중국군이 사격했다며 다리를 점령하고는 7월 28일에 총공격을 해. 대결은 당연히 일제가 유리했어. 전세는 점점 중화민국에 불리하게 전개되었고, 급기야 수도 난징南京이 함락되기에 이르렀어. 중국 국민당은 충칭重慶을 임시수도로 정하고 이전해.

위험한 상황에서 중국 국민당으로부터 지원받던 임시정부도 피신할 수밖에 없었어. 그래서 임시정부는 후난성湖南省 창사長沙에 임시청사를 마련했어. 중국 국민당의 적극적인 지원으로 신변 보호에 유리하고, 선전 활동을 활발히 할 수 있기 때문이지. 게다가 창사의 곡물가가 싸서 가족과 함께 생활하려면 이곳이 제격이었던 거야. 하지만 이사하는 과정은 창강長江을 따라 뱃길로 먼 길을 이동해야 해서 힘들었다고 해.

임시청사를 마련한 김구는 마침내 본명으로 활동하기 시작했어.

중일전쟁의 발단이 된 루커우차오 사건

중일전쟁을 독립의 호기로 보았기 때문이야. 여기에는 당연히 중화
민국이 이긴다는 전제가 있었지. 그리하여 1937년 8월 17일에 여러
단체가 힘을 합쳐 '한국 광복 운동 단체 연합회'를 결성했어. 그리고
10월 25일, 임시정부 국무원 명의의 '포고문'을 발표하지. 임시정부
가 일제와의 전시체제로 돌입했다는 것을 알린 거야.

그리고 1938년 5월 6일에는 창사 난무팅楠木廳에서 한국국민당,
한국독립당, 조선혁명당 등 한국 광복 운동 단체 연합회 소속 우파
3당이 통합을 논의해. 그런데 이 회의장에 조선혁명당 청년 간부 이
운한이 뛰어들어 권총을 발사했어. 현익철은 즉사하고 김구는 중상,
지청천과 유동열은 경상을 입었어. 독립운동가들이 자기주장만 해

대고 생활비는 적게 줘서 불만이었던 거야. 이때 김구는 중상이었지만 사실 죽은 거나 다름없었대. 소생할 가망이 없어 응급조치도 하지 않고 문간방에 방치했거든. 그런데 네 시간이 지나도 목숨이 붙어 있어서 병원으로 옮겨 치료받고 살아났대.

## 임시정부의 마지막 거처

1938년 초여름이 되자 전세는 더욱 중화민국에 불리하게 전개되었어. 일본군이 후난성 경계까지 진출했던 거야. 임시정부가 있는 창사에 매우 가까이 온 것이었지. 임시정부는 7월 19일에 다시 짐을 꾸려 피난길에 올랐어. 최종 목적지는 중화민국의 임시수도인 충칭重慶이었어.

　1938년 7월 19일 새벽 4시, 임시정부는 창사에서 광저우행 기차에 몸을 실었어. 창사에서 광저우까지는 700킬로미터에 이르는 먼 거리였지. 기차 타고 가는 동안 수시로 일본군의 공습을 받았는데, 공습이 있으면 승객들은 기차에서 내려 숲속에 몸을 숨기며 이동한 끝에 사흘 만에 광저우에 도착했어.

　광저우에서 임시정부는 일제의 비행기 공습을 피해 동산 아세아여점東山亞細亞旅店에 여장을 풀고, 동산백원東山柏園에 임시정부 사무소를 차렸어. 하지만 중화민국은 계속 일제에게 밀려 그곳에도 머물

대한민국 임시정부 충칭 유적지

수 없었어. 두 달 만인 9월 19일에 배편으로 광저우에서 서쪽으로 25킬로미터 떨어진 포샨佛山으로 갔어. 그러나 그곳도 역시 안전하지 않았어. 10월 19일에는 장제스의 배려로 광둥성 정부 제공 열차를 타고 싼수이三水로 갔다가, 거기서 다시 목선을 타고 주강珠江을 거슬러 올라가 사흘 후 고요현高要縣으로 갔지. 그런데 거기서 목선을 끌고 갈 기선을 구하지 못했어. 어렵게 부두에서 기다리며 20여일 만에 가까스로 기선을 구했고, 11월 16일 오후 4시 반에 다시 북상해서 보름 만인 11월 30일이 되어서야 류저우柳州에 도착한 거야.

류저우에서의 생활도 일제의 공습으로 힘들었지만, 분열했던 세력

대한민국 임시정부 이동 경로

들이 통합하려는 움직임이 생겼어. 우파 3당도 통합했고, 장제스의 도움으로 임시정부와 김원봉의 조선민족혁명당도 통합했어. 그런데 모든 세력이 통합하진 못했어. 결국 우파 3당만 각자 해산해서 1940년 5월 9일에 '한국독립당'을 결성해.

한편 임시정부는 류저우 생활 넉 달 반 만인 1939년 4월 6일 임시정부 1진이 쓰촨성四川省 충칭으로 떠났어. 그리고 22일에 2진이 버스를 타고 2500리나 되는 먼 길을 떠나. 충칭 인근의 치장綦江에 잠시 머물렀던 임시정부는 10월에 충칭으로 떠났어. 충칭은 일 년의 절반이 안개로 뒤덮여서 일본군 비행기의 폭격으로부터 비교적 안전했는데, 그래서인지 중화민국의 임시수도이기도 했어. 임시정부는 충칭에서 1945년 8월 15일 해방이 되어 귀국할 때까지 지냈어.

이렇게 임시정부는 여러 도시에 머물며 고난의 길을 걸었어. 나라 잃은 임시정부의 설움을 온몸으로 느끼며 독립운동가들은 한시도 독립이라는 희망의 끈을 놓지 않고 끝까지 지켜낸 거야.

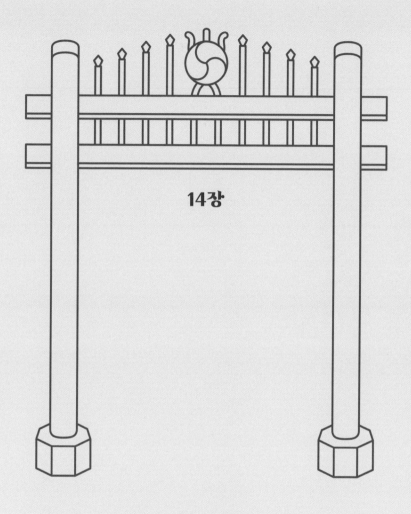

14장

# 대일항쟁기는
# 얼마나 무자비했을까

# 무단에서 문화로

일제의 식민 지배 시기를 우리는 그동안 주로 '일제 강점기日帝强占期'라는 명칭을 사용했어. 일제가 강제로 대한제국을 점령당했다는 의미야. 그런데 2007년 국회에서 이 시기에 대한 공식 용어를 '대일항쟁기對日抗爭期'로 정했어. 우리 독립운동가들이 일제에 맞서 주체적으로 항쟁했다는 뜻이 담겨 있지. 하지만 교과서에도 아직까지 일제 강점기라는 용어를 쓰고 있는 것처럼 이 용어를 주변에서 찾기가 어려워. 아쉬움이 크지. 그래서 나는 독립운동가의 주체적인 항쟁을 널리 알리는 의미에서, 이 책에서 대일항쟁기라는 용어를 일제 강점기 대신 사용하려고 해. 교과서에 나오지 않는 용어라서 낯설 수도 있지만, 알아 두면 좋겠어.

한 가지 더 언급하자면, 대일항쟁기가 36년이라고들 하는데, 정확한 계산으로는 34년 11개월 14일이야. 좋은 시기도 아니니 길게 말할 필요가 없지. 약 35년 동안 이어진 대일항쟁기는 1910년부터 1919년까지의 '무단 통치', 1920년부터 1929년까지의 '문화 통치', 이후 1945년까지를 '민족 말살 통치'라는 통치 방식으로 나눌 수 있어.

일제는 무단 통치를 하면서 헌병과 경찰을 동원해 무력으로 탄압했어. 2만 명에 달하는 헌병으로 한반도 전체에 그물망을 쳤던 조선총독부는 조선인도 채용해서 헌병을 보조하게 했는데, 항간의 소문에 의하면 조선인 헌병 보조원이 헌병보다 더 악랄했다고도 해. 무단 통치 기간에는 '태형'도 부활했어. 태형은 볼기를 때리는 형벌인데, 우리 역사에도 존재하긴 했어. 하지만 반인권적이어서 갑오경장을 기준으로 없어졌지. 그런데 일제가 다시 부활시킨 거야. 이건 조선인을 사람으로도 생각하지 않는다는 의미지.

하지만 이러한 시도에도 우리 민족은 지지 않고 3·1 운동을 일으켜서 일제의 허를 찔렀어. 결국 일제는 2대 총독 하세가와 요시미치長谷川好道에게 책임을 물어 자르고 사이토 마코토齋藤實를 3대 총독으로 임명하며 무단 통치가 끝나.

그런데 1919년 9월 2일, 사이토가 부임하기 위해 지금의 서울역인 남대문역에 내렸을 때 그에게 폭탄이 날아간 거야. 예순이 넘은 독립운동가 강우규姜宇奎 의사가 신임 조선 총독을 암살하기 위해 던졌어. 강우규는 을사늑약이 체결되자 북간도로 간 독립운동가야. 강우규는 3·1 운동이 일어나자 일제 총독을 암살하겠다고 다짐했어. 마침 강우규는 사이토가 남대문역에 내린다는 정보를 듣고 서울로 잡입했어. 그런데 안타깝게도 폭탄이 빗나가 사이토 암살 거사는 실패했어. 현장에서 몸을 숨긴 강우규는 지인의 집에 숨어 있다 친일파 악질 형사 김태석에게 붙잡혔고, 1920년 11월 29일 서대문형무소에서 교수형을 당했어.

사이토는 부임하기도 전에 벌어진 이 사건 이후 무단 통치에서 문화 통치로 통치 방식을 바꾸었어. 무자비하다는 무단보다는 문화가 더 부드러운 느낌이 들기 때문이야. 3·1 운동을 계기로 문화 통치로 전환하지만 실상은 무단 통치보다 문화 통치가 더 혹독했어.

## 분열된 조선인

문화 통치로 통치 방식을 바꾼 일제는 탄압보다 회유를 하는 것에 집중했어. 강압 통치의 결과가 3·1 운동 같은 민족적 저항을 부른다는 것이 이유였지. 그래서 헌병경찰제를 폐지하고 일반경찰제를 도입해. 헌병경찰과 일반경찰의 차이는 없었어. 그저 눈속임이었지.

일제는 적극적인 회유책으로 여러 조선인을 조선총독부 관리로 채용했어. 일본인과 조선인이 차이가 없음을 보여주려는 거지. 이렇게 일제의 공무원이 된 조선인들은 친일파가 됐어. 또 나아가 귀족,

양반, 유림, 부호, 교육가, 종교인 등 명망 있는 인물들에게 접근해서 회유하는 한편 친일 단체를 조직하게 했어. 직업이 없으면 생활 대책을 마련해 주는 등 감언이설로 지식인들을 포섭했는데, 이때 친일로 변절한 사람이 수두룩해. 특히 독립 선언서를 썼던 민족지도자들이 변절한 모습은 볼수록 마음이 아파.

유명한 변절자 중 한 명인 2·8 독립 선언서를 쓴 소설가 이광수는 독립 선언서를 쓰고 상하이로 가서 임시정부에 들어가 독립의 정당성을 좋은 문장력으로 설파했어. 임시정부 기관지 《독립신문》 사장까지 할 정도였지. 그러던 그가 일제의 한 병원에서 만난 허영숙에게 빠져 독립운동 대신 사랑을 택해. 여기까지는 있을 수 있는 일이라 치자. 서울로 가서 허영숙과 결혼까지 한 이광수는 1922년 5월 《개벽》지에 글을 하나 발표했어. 이른바 '민족개조론'으로, 이 글에서 이광수는 조선 민족은 열악해서 쇠퇴할 수밖에 없으므로 고쳐야 한다는 혐오에 가까운 주장을 해. 독립을 포기한 자치론자 입장에서 접근한 거야.

그런데 민족개조론은 안창호가 주장한 논리야. 안창호의 민족개조론에 따르면, 독립을 위해서 우리 민족은 물론 사회와 국가 그리고 나아가서는 세계까지 개조가 필요한데, 이는 실력 양성을 바탕으로 극복하자는 것이었어. 실력을 기르기 위해 바꾸자는 것이었지. 그런데 이광수는 이 원조의 주장을 비틀고 왜곡해서 열등한 민족이기에 고쳐야 한다는 논리로 둔갑시켰어. 이 글이 발표되자마자 민족

개조론은 맹렬한 비난과 분노에 직면했어. 이 글은 이광수의 친일 행각의 신호탄이었지.

기미 독립 선언서를 쓴 최남선은 집안의 전 재산을 투자해 설립한 인쇄 출판사인 신문관 사업 때문에 민족 대표로 서명하지 않았다고 했었잖아. 그래도 최남선은 독립 선언서를 썼으니까 당연히 체포되어 2년 8개월 형을

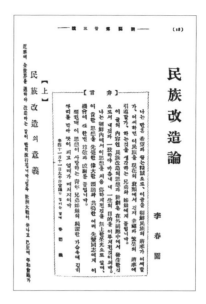

이광수의 민족개조론이 실린 《개벽》 1922년 5월호

선고받고 감옥에 있었어. 그런데 일제가 청년들을 규합, 회유하는 데 적합한 인물로 최남선을 지목하고 가석방시켰다는 설이 있어. 1921년 10월 18일 만기 몇 달을 앞두고 출소하는 최남선을 맞으러 아베 미쓰이에阿部充家 《매일신보》 사장이 함께했다는 점에서 그런 의심을 해. 그는 이광수와 최남선을 회유한 배후로 지목된 인물이야.

감옥에서 나온 최남선은 조선은행 일본인 총재가 지급한 자금으로 잡지 《동명》을 발간했어. 이광수 등이 기고해서 원고료를 받으면 생계에 도움이 될 수 있다는 판단에서 이런 출판물을 발행했다고 해.

그리고 최남선은 1928년 10월 일제가 식민사관을 만들기 위해 조

직한 '조선사 편수회'에 들어가. 조선사 편수회는 우리 역사를 왜곡하고 날조하는 데 앞장섰어. 해방 이후 한국 역사학계를 쥐락펴락하던 역사학자 이병도 여기에 참여했지. 최남선의 조선사 편수회 참여 소식을 들은 한용운은 나무로 그의 위패를 깎아 장례를 치러 조롱하기도 했어.

상황이 이렇게 되니 민족주의로 무장한 조선인과 친일로 무장한 조선인 간에 갈등이 생기고, 그 갈등은 상상을 초월하는 반목을 낳았어. 이건 일제가 바라던 거였어. 자신들은 손도 쓰지 않고 통치할 수 있었기 때문이야. 그래서 당시 민족주의 진영에서는 문화 통치를 '민족 분열 통치'라고도 불렀어.

## 민족을 말살하다

일제는 문화라는 낱말의 의미에 걸맞는 일들을 하기도 했지만 보이지 않는 곳에서의 탄압은 더 교묘하고 악랄했어. 일제의 최종 목표는 한민족의 말살, 즉 한민족을 없애고 모두 일본인으로 만드는 것이었어. 궁극적으로 조선을 일제 영토에 편입시키고 일제의 한 도로 만들려는 전략이었지. 영원히 대한제국을 지배하려던 일제는 1930년에 민족 말살 통치로 통치 방식을 바꾸었어. 통치 방식을 바꾸고 가장 먼저 한 건 조선인을 도구처럼 마구 사용한 거였지.

류타오후 사건으로 발발한 만주사변

1931년 9월 18일 밤, 일제는 류탸오후柳條湖에서 만주 철도의 선로를 폭파해. 그리고 이 폭파를 중화민국 장쉐량의 동북군 소행이라고 발표했어. 만주 침략의 빌미를 만들려고 상대 탓으로 돌린 거지.

그런데 이 전쟁은 일제 본토와는 무관하게 일제의 조선군 사령관 하야시 센주로林銑十郎가 독단적으로 한반도 주둔 일본군과 조선군으로만 벌인 일이었어. 조선총독부는 징병 제도를 실시해서 조선인을 전쟁에 동원했고, 건장한 남성들을 군수공장 등에서 근무하게 하려고 징용공으로 끌고 갔어. 한 통계를 보니 1941년까지 약 160만 명이 끌려갔다고 해. 게다가 10대 초반에서 40대에 이르는 여성들을 정신대挺身隊라는 이름으로 강제 동원해서 일본군의 성노예 노릇을

1938년 일본군의 일본군 '위안부' 모집 명령서

시켰잖아. 이 문제는 지금도 해결이 안 되고 있어. 사과는커녕 인정하지도 않고 정당한 배상도 하지 않았지.

일제는 사람뿐만 아니라 경제적인 수탈도 동시에 진행했어. 선진국의 보호무역으로 면방직 수입이 어려워지자 일제는 남쪽엔 면화를 재배하고 북쪽엔 면양을 기르게 하는 '남면북양' 정책을 펴. 그리고 압록강과 두만강에 발전소를 지어 북쪽에 건설한 군수공장에 전기를 공급해서 면방직을 생산했어. 물론 면방직은 모두 군수품이 되었지.

이렇게 말도 안 되게 착취하려다 보니 일제는 새로운 통치 방식을 도입해. 그게 대일항쟁기의 3기인 '민족 말살 통치'야. 이 통치의 핵심은 겉으로는 대한제국과 일제가 매우 가까운 사이라는 것을 강조하고, 속으로는 대한제국과 대한제국의 민족 자체를 없애려는 정책이었어. 그래서 나온 사상이 바로 '내선일체內鮮一體'와 '일선동조론日鮮同祖論'이야.

내선일체는 일제를 뜻하는 내지內地와 조선朝鮮(대일항쟁기 당시 일제는 조선을 한 글자로 줄여 부를 때 조朝가 아닌 선鮮을 썼다)이 한 몸이라는 뜻이야. 도대체 어떻게 조선과 일제가 한 몸이겠어. 그런데 일

민족 말살 통치의 대표적인 정책인 신사 참배를 위해 세운 조선신궁. 광복 이후 소각되었으며 이 자리에 안중근 의사 기념관이 건립되었다.

선동조론의 의미를 알고 나면 더 기가 막혀. 일선동조론을 글자 그대로 해석하면 일제와 조선의 조상이 같다는 의미잖아. 구체적으로 설명하면 일제의 야마토족과 조선의 한족(韓族, 중국의 漢족과 다르다)의 조상이 같다는 건 설명할 필요도 없는 주장이지. 이런 정책을 묶어 한마디로 하면 '황국신민화皇國臣民化'야. 조선인을 일제 황제 나라의 신하로 만든다는 거지. 이렇게 한 몸이고 같은 조상을 두었으니 이름도 일제의 이름을 가져야 한다고 주장하기 시작해. 그래서 나온 정책이 '창씨개명創氏改名'이야.

　1939년 11월 10일, 조선총독부는 조선에서도 일본식 씨명제氏名制를 따르도록 조치했어. 친일파들은 알아서 이름을 일본식으로 바꾸었어. 하지만 일반인들은 따르지 않았지. 누가 자기 이름을 일본식으로 바꾸겠어. 그러자 일제는 강제 정책으로 전환해 거의 80퍼센트가 응하도록 했어.

그리고 1938년부터 한국어를 선택과목으로 바꾸고 대신 '국어(일본어)' 상용을 본격화했어. 그러자 1942년 조선어학회 사건이 일어났어. 조선어학회 사건은 한글을 보존하려는 운동가들을 탄압한 사건인데,《말모이》라는 영화로도 만들어졌지.

1937년에는 많은 지식인이 친일로 변절하게 되는 상징적인 사건인 '수양동우회 사건'이 일어나. 흥사단 자매단체인 수양동우회는 이광수, 주요한, 조병옥 등이 핵심 회원이었고, 실질적 운영자는 이광수였어. 이 무렵 일제는 중일전쟁으로 인한 징발 분위기 조성을 위해 지식인 집단의 포섭이 필요했어. 거기에 딱 맞는 집단이 수양동우회였대. 일제는 이 단체의 금주운동 인쇄물을 문제 삼아 회원들을 체포했지. 일제의 회유를 받고 대부분 풀려나지만 1938년 6월 전영택, 현제명, 홍난파 등 18명의 인사들이 전향서를 쓰고 변절했어.

이렇게 우리의 내로라하는 지식인들은 친일파가 되었고, 그 친일의 역사는 아직도 청산되지 않은 현재진행형이야. 이광수는 친일을 하며 유명한 변명을 남겼어.


"나는 민족을 위해 친일했소. 내가 걸은 길이 정경대로正經大路는 아니오마는 그런 길을 걸어 민족을 위하는 일도 있다는 것을 알아주오."

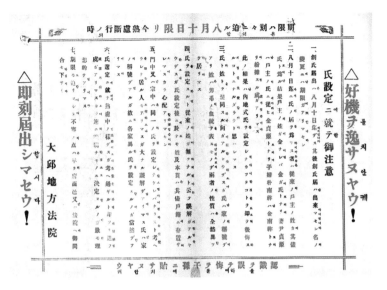

대구 지방 법원의 창씨개명 공고

조선어학회 사건에 관한 영화 〈말모이〉 스틸 컷

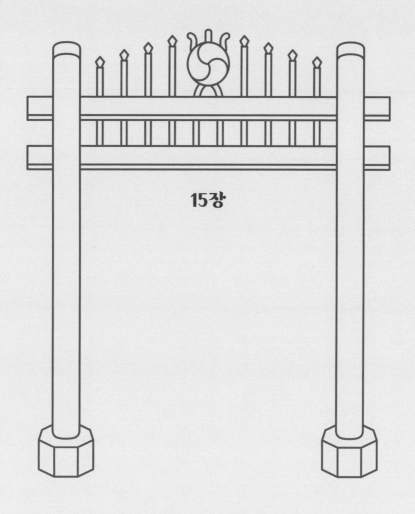

15장

# 우리는 어떻게
# 해방을 맞이했을까

# 제2차 세계대전의 발발

제2차 세계대전은 1939년 9월 1일 오전 4시 45분에 나치 독일의 아돌프 히틀러Adolf Hitler가 폴란드의 서쪽 국경을 침공하면서 시작되었어. 하지만 1937년 7월 7일, 일제가 중화민국을 공격해 시작된 중일전쟁이 제2차 세계대전의 시작이라는 주장도 있어. 그렇다면 제2차 세계대전은 왜 일어났을까?

제1차 세계대전이 끝나고 파리 강화회의가 열렸어. 승전국들이 패전국의 전리품에 관해 논의하는 '강화회의'는 패전국에게 무척 가혹했어. 기본적으로 전쟁에서 진 것에 대한 책임이긴 하지만 승전국들의 과도한 욕심도 개입되기 때문이야. 하지만 승전국에게 패전국의 재정 상황이나 국민 정서 따위는 고려 대상이 아니야. 오로지 전쟁에서 누가 이겼는지가 제일 중요해. 청일전쟁과 러일전쟁 모두 일제가 도발한 전쟁이지만, 승리했기 때문에 청나라와 러시아로부터 배상을 받은 것처럼 말이야.

독일도 같은 상황이었어. 제1차 세계대전을 일으켰다는 이유 때문만이 아닌, 패전국이었기 때문에 파리 강화회의에서 나온 조약들을 지켜야 할 의무가 있었어. 그런데 당시 독일은 마르크화의 가치가 폭락하고 물가까지 폭등하는 등 최악의 경제 상황을 겪고 있었지. 1320억 마르크의 전쟁배상금 지급은 꿈도 꿀 수 없을 지경이었지. 이에 1924년, 미국은 독일에 8억 마르크의 차관을 제공하며 배상금 지급 문제를 재협상했어. 여기서 제시되었던 독일의 배상 부채를 조정하기 위한 계획인 '영 안young plan'에 따라 독일의 배상금을 4분의 1로 줄였지. 그래도 독일은 감당하기 어려웠어.

이런 상황에서 1933년 1월 30일 총리가 되었던 히틀러가 이듬해인 1934년 8월 2일 대통령제를 폐지하고 총통 겸 총서기로 취임했어. 히틀러는 독일 역사를 통째로 바꿀 만큼 절대 권력을 휘두르며 독일의 경제를 살렸어. 군수산업이나 아우토반 건설과 같은 대규모 공공사업으로 대공황의 그림자를 걷어 내는 등 성공적으로 극복해 냈어. 독일 국민들은 히틀러를 전폭적으로 지지했지.

그런데 이게 독이 됐어. 대중의 지지를 받은 히틀러는 여느 독재자들처럼 마음대로 행동했어. 독일 히틀러의 담대함에 미국을 비롯한 영국, 프랑스, 소련 등 강대국들이 긴장하기 시작했어. 가뜩이나 세계

연설하는 히틀러

대공황으로 어려울 때 나치 독일이 뭔가 일을 저지를 것 같았거든.

1935년 히틀러는 국제연맹을 탈퇴하고, 베르사유 조약의 군비 조항을 파기한 후 군비를 증강하면서 우려를 현실화시키기 시작했어. 어느 정도 힘이 생기자 히틀러는 많은 독일인이 사는 폴란드, 체코슬로바키아, 오스트리아에 땅을 내놓으라고 위협하기 시작했지.

당시 미국은 자신들의 의지와 상관없이 제1차 세계대전에 뛰어들었다가 돈은 벌었지만 많은 희생을 치렀던 아픔 때문에 이즈음 감도는 유럽의 전운에 대해서 선을 그었어.

그러는 사이 1936년 3월 독일은 비무장 지역인 라인란트에 군대를 주둔시켜. 5월에는 이탈리아의 베니토 무솔리니Benito Mussolini가 에

티오피아를 완전하게 점령해. 그리고 1937년엔 일제가 중일전쟁을 일으켰어. 이후 1938년 4월에 독일은 오스트리아를 합병하고, 9월엔 체코슬로바키아 수데덴을 공격했어.

그러자 영국·프랑스·독일 수뇌부들이 모여 '뮌헨 협정'을 체결해 긴장을 완화하는 듯했어. 하지만 히틀러의 속내는 그게 아니었지. 결국 히틀러는 1939년 3월에 뮌헨 협정을 파기하고 체코슬로바키아를 해체해. 그리고 8월 23일에 독일과 소련은 상대방을 침략하지 않으며 상대방에 대한 침략을 돕지도 않는다는 내용의 '독일-소련 불가침 조약'을 체결했어. 폴란드를 침공하려는 히틀러는 소련이 중립을 지켜 주기를 바라는 노림수였어. 독일은 9월에 폴란드 서부 지역, 앞에서 얘기한 폴란드 회랑 지역을 침공해. 그러자 영국과 프랑스가 독일에 대해 선전포고를 함과 동시에 제2차 세계대전의 막이 올랐어.

## 일제의 진주만 기습

지금부터 제2차 세계대전 당시 일제가 일으킨 중일전쟁을 말하기 전에 '난징 대학살'을 먼저 얘기하려고 해. 중일전쟁 중 일제의 공격에 밀리던 중화민국이 충칭을 임시수도로 정해서 우리 임시정부도 충칭으로 이전했잖아. 중국군 사령관 탕셩즈唐生智가 어떤 일이 있어도 수도를 지키겠다는 결사 항전을 선언해. 하지만 전쟁은 의지와 선언만으로 지켜지는 것이 아니잖아. 파죽지세의 일본군이 점점 숨통을 조여 왔어. 중국 국민당 지도부와 부유층은 도망치고 남은 110만의 시민들은 갈 길을 몰라 허둥댔어.

이에 일본군이 투항을 촉구했으나 중국군은 투항을 거부했어. 일제는 항복하지 않으면 '피의 양쯔강'을 만들겠다는 무시무시한 말로 중국군을 협박했어. 하지만 중국군은 항복하지 않았고, 일본군은 무자비한 공격을 감행하지. 이 과정에서 피난을 가지 못하고 난징성에 고립된 무고한 시민들 약 60만 명이 처참하게 학살당했어. 보통 30만 명에서 100만 명이 학살됐다고 추정해. 끔찍하지. 이렇게 난징 대학살로 자신감을 얻은 일본군은 더욱 거침없이 공격을 가하고 결국 중화민국은 무릎을 꿇어.

일제는 '대동아공영권大東亞共榮圈'이라는 논리를 펼쳤어. 대동아공영권을 거칠게 설명하면, 일제를 중심으로 만주나 중국, 동남아를 아우르는 '대동아', 즉 큰 동아시아를 만들어 아시아 국가들의 번영과 자유를 누리기 위한 '공영'의 새 질서를 만들자는 거야. 여기엔 서구 제국주의를 몰아내야 진정한 공영이 이루어진다는 논리가 들어 있었어. 하지만 속내는 서구 제국주의만큼 식민지를 가지지 못한 일제가 나름 정당하게 팽창주의 정책을 펼치기 위한 이중전략이었어.

중일전쟁도 어떻게 보면 서구 열강의 영향을 제거한다는 명분을 갖고 있었어. 더욱이 일제가 대동아라고 하는 태평양 연안의 동아시아 국가들이 사실상 서구 열강들의 식민지였잖아. 영국은 인도·싱

6주 동안 이어진 난징 대학살

가포르·파푸아뉴기니를, 프랑스는 인도차이나반도를, 네덜란드는 동인도를 각각 차지했어. 미국도 하와이와 필리핀을 손아귀에 넣었지. 일제는 부족한 천연자원을 동아시아에서 확보하려는 생각이었는데, 주변 나라들이 서구 열강들의 식민지여서 손쓸 방법이 없었어. 식민지를 새로 확보하려고 했지만 쉽지 않았던 터여서 러일전쟁과 중일전쟁을 통해 한반도와 러시아, 만주 등에서 일정의 성과를 거두었고, 이에 자신감을 얻어 아시아 지역으로 눈을 돌리려고 대동아공영권이라는 논리를 개발한 거야.

일제의 이런 속내를 간파한 미국은 일제와 거리를 두기 시작했어. 사실 일제는 미국에 의존해서 중일전쟁을 치렀다고 해도 과언이 아니야. 석유나 강철 등 군수물자를 미국이 공급했거든. 그런데 막상 중일전쟁에서 이겨 놓고도 일제는 빈껍데기만 남고 실질적 이익은 미국이 다 차지하자 허탈했던 거야. 재주는 곰이 부리고 돈은 되놈이 가져간다는 속담이 딱 어울리는 형국이 된 거지.

## 일제와 미국의 눈치 게임

이런 상황에서 일제는 1937년 12월 양쯔강에 있던 미국의 패네이 호를 격침했어. 3명이 죽고 18명이 다쳤지. 그러면서 미국인들을 모욕하는 행동을 했어. 화가 난 미국 국민들은 일제에 대한 교역을 하지 말라고 요구하기 시작했어. 중일전쟁이 거듭되면서 미국의 일제에 대한 분위기는 더 나빠졌고, 결국 1941년엔 미국America, 영국Britain, 중국China, 네덜란드Dutch 4개국이 소위 'ABCD 포위망'을 구축해 일제에 대한 전략물자 수출을 금지했어. 미국 내 일제 자산도 동결했지.

결국 미국과 일제 간의 관계는 험악해졌어. 일제는 동남아로 눈을 돌렸지. 일제가 가지고 있던 석유의 양은 반년을 겨우 버틸 만큼 적었거든. 그렇다고 해서 미국의 요구대로 중화민국에서 완전히 철수할 수도 없었어. 일제는 네덜란드의 동인도 유전을 확보하는 게 낫다고 생각했고 그러기 위해서는 네덜란드의 큰 우군인 미국을 견제해야 했거든.

미국과 일제가 협상하지 않았던 건 아니야. 1941년 11월 26일, 미국무장관 코델 헐Cordell Hull과 주미일본대사 노무라 기치사부로野村吉三郎가 마주 앉았어. 미국은 여전히 동맹 파기와 점령지 국경 철수, 만주국 해체를 요구했어. 일제도 태평양으로의 팽창 인정과 만주국 승인 등의 조건을 내걸지. 양측의 주장은 결코 합의할 수 없는 것들이었어. 결과는 당연히 결렬이었지.

1941년 12월 7일 아침, 일제는 하와이 오아후라는 섬에 있던 미해군의 진주만 기지를 기습적으로 공격했어. 진주만에는 미 해군의 태평양함대가 있거든. 무방비 상태에서 당한 미 태평양함대는 회복 불능의 수준으로 피해가 컸어. 함선 12척이 파손되거나 침몰했고, 비행기 188대가 손상되거나 격추되는 등 물적 피해가 어마어마했지.

사실 미국은 일제가 공격해 올지도 모른다는 정보를 사전에 입수했었대. 그런데도 아무런 대비를 하지 않았던 거야. 기습 공격 앞엔 아무리 강한 함대도 전혀 힘을 쓸 수 없잖아. 이 공격에서 미국은 2335명의 군인과 68명의 민간인이 사망한 데 반해 일본군은 고작 64명이 죽었어. 미 태평양함대가 일방적으로 당한 거지.

이렇게 되자 미국에 사는 일본인들을 향한 미국인들의 분노가 엄청났어. 일본인들이 후방에서 무슨 일을 일으킬 수도 있다는 우려가 커지자 미국 정부는 보호 명목으로 수용소를 만들어 전쟁이 끝날

일제의 하와이 진주만 공격으로 시작된 태평양전쟁

때까지 일본인들을 강제수용했어.

한편 우리 국민은 미국과 일제의 전쟁을 긍정적인 신호로 받아들였어. 미국이 이젠 일제 편이 아니기 때문이야. 어떻게든 미군을 돕겠다는 생각에서 한인 50명과 중국인, 필리핀인이 가세한 동양인 대대 '맹호군'을 꾸렸는데, 대대장이 김용성이었어.

자, 이렇게 일제가 미국을 공격하자 세계대전에 휘말리지 않겠다며 팔짱을 끼고 있던 미국이 타의에 의해 결국 참전하게 되었어. 독일과 이탈리아도 '삼국 동맹 조약Tripartite Pact'에 따라 미국과 전쟁 상태에 들어가게 되었지.

삼국 동맹 조약은 미국을 겨냥해 독일과 이탈리아 그리고 일제가 맺은 동맹 조약이야. 1940년 9월 27일에 베를린에서 체결됐어. 독일과 이탈리아는 유럽 지배권을, 일제는 아시아 지배권을 각각 인정하는 것을 골자로 하는데, 이 동맹 조약에 이런 조항이 있었어.

"세 조약국 가운데 한 나라가 현재 유럽전쟁 또는 일·중 분쟁에 참여하지 않는 한 나라에 의해 공격받을 때 삼국은 모든 정치적·경제적·군사적 방법에 따라 서로 원조할 것을 약속한다."

독일과 이탈리아가 일제를 공격하고 있는 미국에 전쟁 선포를 한 것은, 바로 이 삼국 동맹 조약에 따른 것이었어.

## 원자폭탄으로 끝난 대일항쟁기

이후 일제는 '파죽지세'라는 표현이 딱 어울릴 만큼 동남아와 남태평양, 오스트레일리아 대륙까지 휩쓸며 위협했어. 그러나 이것은 기습으로 인한 승리야. 미국이 작심하고 준비한 전투에서는 일제가 무참히 패배해. '미드웨이 해전'이 대표적이야.

애초에 일제는 북태평양의 미드웨이섬을 점령하려고 했어. 그런데 미군이 일제의 암호를 해독하고 미리 대비하고 있었지. 양국 전투기들의 싸움이 막상막하인 가운데, 미군이 일제 함대를 격침시켰어. 승부를 결정지은 셈이야. 일제는 미드웨이 상륙을 포기했고, 태평양에서 더 이상 전쟁을 수행할 수 없을 만큼 전의를 상실했어.

그 후 점령지를 하나하나 빼앗기기 시작한 일제는 급기야 본토까지 위협받게 되었어. 일제는 자폭 항공대인 '카미카제 특공대神別特攻隊'를 조직했어. 폭탄과 여분의 연료만 싣고 목표물과 충돌해서 폭파하는데, 이때 조종사도 함께 산화하는 전술이야. 그 결과 34척의 전함을 침몰시켰고, 수백 척에 손상을 입혔대.

그래도 전세는 여전히 일제에 불리했어. 하지만 일제는 포기하지 않고 끝까지 버텨. 그러자 미국은 역사상 단 한 번도 사용해 본 적 없는 어마어마한 계획, 즉 핵무기 개발 계획인 '맨해튼 프로젝트'를 실행하기로 해. 그리고 1945년 7월 16일 뉴멕시코주 앨라모고도에서 이루어진 핵실험이 성공했어.

그런데 일제는 무조건 항복을 요구한 '포츠담 선언'을 거부해. 퇴로를 열어 주었는데도 일제가 거부한 것은 전쟁을 끝낼 마음이 없고 계속하겠다는 의사 표시로 여겨졌지. 그래서 미국은 전쟁을 끝내기 위해 원자폭탄 투하를 검토하기 시작했어. 이렇게 선택된 도시가 히로시마와 나가사키야.

1945년 8월 6일, 기상 문제 때문에 날짜를 잡지 못하던 미군의 B-29 에놀라 게이가 서태평양 티니언섬 북쪽 비행장에서 이륙했어. 해리 트루먼 대통령Harry S. Truman이 이름을 지은 원자폭탄 '리틀보이

히로시마(왼쪽)와 나가사키에 떨어진 원자폭탄

Little boy'를 싣고서 6시간의 비행 끝에 히로시마 상공에 도착한 B-29 에놀라 게이는 아침 8시 9분 리틀보이를 투하했어. 히로시마 인구의 30퍼센트에 해당하는 약 8만 명이 그 자리에서 즉사했고, 약 7만 명이 부상당하는 참혹한 결과를 남겼지. 그리고 사흘 후인 8월 9일 아침, 미군의 B-29 벅스카가 두 번째 원자폭탄 '팻맨Fat man'을 싣고 나가사키로 향했어. 그리고 오전 11시 2분에 투하해.

이때 일제와의 전쟁에 주저하던 소련이 1945년 8월 8일에 서둘러 일제에 선전포고하고 포츠담 선언 체제에 합류했어. 원자폭탄 투하로 쑥대밭이 된 일제의 패망이 눈앞에 보였거든. 그동안 소련은 동아시아에서 영향력을 확보하기 위해 선뜻 전쟁에 나서지 않다가 이 시기에 만주를 공격했는데, 쉽게 승리했어. 그리고 나서 소련은 8월

9일에 한반도로 남하해서 11일이 되자 웅기와 나진을 점령했고, 13일엔 청진으로 진출해.

일제는 원자폭탄도 맞고 소련에 침공까지 당한 터라 더 이상 전쟁을 이어갈 수 없었어. 8월 10일 일제는 격론 끝에 무조건 항복을 결정했지. 그날 일제는 미 연합군 측에 무조건 항복 의사를 전달했어. 그러자 미국은 '번즈 회답'이라 불리는 회신을 내놓아. 일제는 연합국 최고사령부의 통치를 받고, 정부 형태는 일제 국민의 자유의사에 따른다는 내용이었어. 일제는 다소 격론을 벌였지만 수락할 수밖에 없었지. 그리고 히로히토 천황이 8월 15일 정오에 라디오로 항복 방송을 해.

## 일제의 패망, 대한민국의 시작

여기까지가 대략 살펴본 제2차 세계대전과 일제에 관한 얘기야. 그러면 이런 일들이 정작 우리에게 어떤 의미일까? 일제의 도발로 태평양전쟁이 일어났을 때 우리 독립운동가들이 내심 반겼다고 했잖아. 일제가 중화민국은 물론 미국과도 전쟁한다면 우리도 미국, 중화민국과 함께 대일전쟁을 전개하면 승리할 확률도 높은 듯했고, 그러면 독립을 쟁취할 수도 있겠다는 기대감에서였어.

임시정부는 사실 한국광복군이라는 정규군도 있었어. 한국광복군은 임시정부의 여당이랄 수 있는 한국독립당이 1940년 9월 17일 창설한 한국독립군을 모태로 창설된 군대야. 지청천과 그의 참모장 이범석이 이끌던 조직인데, 임시정부에서 통수권을 인수했어.

이 엄연한 임시정부의 공식 군대인 한국광복군은 1941년 12월 10일 '대한민국 임시정부 대일 선전 성명서'를 발표했어. 좀 길더라도 전문을 읽어 보자.

우리는 3000만 한국인과 정부를 대표해서 중화민국·영국·미국·캐나다·네덜란드·오스트리아 및 기타 여러 나라의 대일전쟁 선포를 삼가 축하한다. 그것이 일제를 격파하고 동아시아를 재건하는 데 가장 유효 수단이 되기 때문이다. 여기서 특히 아래와 같은 점을 성명한다.

❶ 한국의 전체 인민은 현재 이미 반침략전선에 참가해서 하나의 전투 단위가 되어 있으므로 축심국(추축국)에 대하여 전쟁을 선포한다.

❷ 거듭 1910년 합병 조약 및 일체 불평등 조약의 무효와 동시에 반침략국가들이 한국에서 합리적으로 얻은 기득권익을 존중함을 선포한다.

❸ 맹세코 일제의 난익하에서 조정된 창춘(만주국) 및 난징 정권(난징 친일 괴뢰 정부)을 승인하지 않는다.

❹ 왜구를 한국과 중화민국 및 서태평양에서 완전 구축(밀어냄)하기 위해 최후 승리까지 혈전한다.

❺ 루스벨트·처칠 선언의 각 항이 한국의 독립을 실현하는 데에 적용되기를 견결히 주장하며 특히 민주 진영의 최후 승리를 미리 축원한다.

대한민국 23년 12월 10일
대한민국 임시정부 주석 김구, 외무부장 조소앙

이러는 가운데 임시정부는 정진대挺進隊의 국내 파견을 추진했어. 정진대는 적의 후방에서 교란, 첩보 수집, 화력 유도 등의 임무를 수행하는 부대를 말해. 미국 CIA의 전신인 OSS의 지원을 받기로 하고 진행했지. 한국광복군을 국내에 진입시켜서 미국의 협력을 얻어 일본군 무장을 해제하고 치안을 유지해서 건국의 기틀을 마련하려는 의도였어.

한국광복군의 이범석 장군이 직접 미국 측과 교섭을 벌였어. 임시정부에서는 정진대를, OSS는 한반도사절단을 각각 파견하기로 합의를 봤지. 1945년 8월 16일, 정진대의 이범석 지대장을 비롯해 김준엽, 장준하, 노능서 등 4명이 출발했어. 여기서 주목할 점은 8월 15일에 일제가 무조건 항복을 선언했어도 곧바로 모든 전투가 멈추진 않았다는 거야. 며칠 더 계속되기도 했지. 이런 상황이어서 정진대는 비행기를 타고 산둥반도까지 갔지만 후퇴할 수밖에 없었어.

후퇴했던 정진대는 이틀 후인 8월 18일 다시 국내 진입을 시도했

한국광복군 성립 전례식 기념사진

어. 새벽 5시 반에 출발해서 12시쯤 서울 여의도 비행장에 내렸지. 하지만 일본군이 포위한 탓에 어떤 활동도 할 수 없었어. 그러자 미국 측에서 일제의 항복문서 정식 서명 때까지 기다리겠다고 했지만 일제는 거절하며 돌아가라고 위협했어. 결국 대표단은 이튿날 오후 4시에 여의도 비행장을 이륙할 수밖에 없었어.

이런 좌절이 계속되자 임시정부는 미국 OSS와 별도로 제주도 진입을 구상했다는 얘기도 있어. 제주도에 거점을 마련하고 이를 기반으로 국내로 진입한다는 계획이었대. 자세한 내용은 알려지지 않았고, 다만 김구 주석이 미국 측에 제안했었다는 사실만 알려져 있어.

이런 활동들이 있었음에도 일제의 항복으로 실행에 옮기지 못하

해방을 맞아 환호하는 국민들

고 계획에만 그쳤지. 일부에서는 만약 일제가 좀 더 늦게 항복했더라면 임시정부의 역할이 구체적인 행동으로 옮겨졌을 테고, 이는 대한민국 정부 수립에 크게 기여했을 거라 말하기도 해.

일제의 항복은 곧 우리에게 '해방'이라는 민족적 선물이 되었어. 그런데 이 해방이 우리의 역할보다 일제의 패망이라는 외부적 조건에 의해서 주어졌다는 점에서 아쉬움이 크지. 물론 대일항쟁기 동안 우리 민족은 국내외에서 독립운동을 치열하게 했어. 연합국의 공식 소속이 아니었어도 그 역할을 폄훼해서는 안 된다고 생각해.

우리의 해방을 가져온 일제의 패망은 연합국의 승리라는 말이기에 역사의 주체는 연합국과 일제일 뿐 우리는 그 어디도 발을 붙일

곳이 없었어. 그래서 해방은 우리에게 온전한 해방이 아니라 분단의 시작이라는 또 다른 시련을 가져왔지.

자, 이 민족적 아쉬움은 우리 국민 모두 같은 마음일 텐데, 《백범일지》에 기록된 임시정부 김구 주석이 토로한, 해방을 맞는 소회를 인용하면서 이만 마칠게. 다음 강의에서 다룰 내용은 해방 이후의 한국 현대사야. 《꼬리에 꼬리를 무는 한국 현대사》에서 다시 만나.

"나는 이 소식을 들을 때 희소식이라기보다는 하늘이 무너지고 땅이 갈라지는 느낌이었다. 몇 년을 애써서 참전을 준비했다. … 미 육군성과 긴밀한 합작을 이루었는데, 한 번도 실시하지 못하고 왜적이 항복한 것이다. 이제껏 해온 노력이 아깝고 앞일이 걱정이었다."

# 참고한 책

강만길, 《고쳐 쓴 한국근대사》(창비, 2018).

강준만, 《한국근대사산책》(1~6권)(인물과사상사, 2007).

김옥균 외, 이주명 옮김, 《원문 사료로 읽는 한국 근대사》(필맥, 2014).

김육훈, 《살아있는 한국 근현대사 교과서》(휴머니스트, 2007).

김태용·김대호, 《한국 근대사를 꿰뚫는 질문 29》(아르테, 2021).

박노자·허동현, 《우리 역사 최전선》(푸른역사, 2003).

박찬승 외, 《쟁점 한국사-근대편》(창비, 2017).

백유선, 《청소년을 위한 한국 근현대사》(휴머니스트, 2015).

역사학연구소, 《함께 보는 한국 근현대사》(서해문집, 2016).

이이화, 《이이화 한국사 이야기》(한길사, 2015).

정교, 《대한계년사》(1864).

《조선왕조실록》

최용범·이우형, 《하룻밤에 읽은 한국 근현대사》(페이퍼로드, 2019).

한국근현대사학회, 《한국 근현대사 강의》(한울, 2020).

한홍구, 《대한민국사》(1~3권)(한겨레출판, 2003).

황현, 《매천야록》(국사편찬위원회, 1955).

# 이미지 출처

※ 본문에 쓰인 대부분 사진과 그림은 위키미디어 커먼즈, 셔터스톡에서 가져왔습니다. 다음 사진만 저작권을 표기합니다.

● 국가유산청 국가유산포털: 69쪽
● 국립고궁박물관: 30, 73, 99, 130~131, 158쪽
● 독립기념관: 95, 139, 179쪽

이외에 저작권 있는 사진이 쓰였다면, 저작권자가 확인되는 대로 허락을 받고, 저작권료를 지불하겠습니다.

# 꼬리에 꼬리를 무는 한국 근대사

초판 1쇄 발행 2024년 8월 30일

지은이 | 조성일
펴낸곳 | (주)태학사
등록 | 제406-2020-000008호
주소 | 경기도 파주시 광인사길 217
전화 | 031-955-7580
전송 | 031-955-0910
전자우편 | thspub@daum.net
홈페이지 | www.thaehaksa.com

편집 | 조윤형 여미숙 김태훈
마케팅 | 김일신
경영지원 | 김영지

값 17,000원
ISBN 979-11-6810-298-9 43910

"주니어태학"은 (주)태학사의 청소년 전문 브랜드입니다.

책임편집 김태훈
디자인 이유나